edition**blaes**

Inhalt

Vorwort

Menschen sind faszinierende Wesen. Sie verhalten sich über Jahre hinweg so vor sich hin, atmen dabei pflichtbewusst ein und aus und urplötzlich lassen sie mich für einen flüchtigen Augenblick an ihrem Leben teilhaben. So manches Mal machte es gar den Eindruck, sie überlegten sich exakt für diesen einen kurzen Moment etwas ganz Besonderes für mich – oder auch mal für meine Freunde, falls ich gerade nicht vor Ort bin, wenn sich Menschen für einen kurzen Moment etwas ganz Besonderes für mich einfallen lassen.

So war es mir eine außerordentliche Ehre, diese denkwürdigen Begegnungen zu archivieren, niederzuschreiben und hier nun zu erzählen.

Mein Dank gilt daher auch all diesen Zeitgenossen, denen ich im Alltag, in öffentlichen Verkehrsmitteln und auf Reisen begegnet bin. Hört bitte nicht auf, mir Freude zu bereiten.

Besonders danken möchte ich der Deutschin, die mich beständig ertragen muss, der Eva, die die Deutschin temporär ertragen muss, der Michi, die mir donnerstags Asyl gewährt, wenn die Eva die Deutschin erträgt, der Annette, die für die Illustrationen verantwortlich ist, Mainz und natürlich meinen Eltern, die mir überhaupt erst ermöglicht haben, diese Danksagung verfassen zu können. Aber ab jetzt ganz ohne Ernst.

HgFzBdB

Was um alles in der Welt bedeutet HgFzBdB?
Häufig gestellte Fragen zur Benutzung dieses Buches.

Muss man dieses Buch an einem Stück lesen?
Nein, das muss man nicht, kann man aber bedenkenlos.

Hängen die Geschichten zusammen?
Nein, jede steht für sich. Man kann den Inhalt ein jeder Geschichte also ruhigen Gewissens sofort wieder vergessen, eine neue anfangen und/oder auch stunden-, gar tagelang Pause machen.

Was bedeutet Knittelwirsch?
Knittelwirsch ist der Name eines Getränks. Zugegeben, Knittelwirsch taugt vielleicht besser als Name für ein schmuckes Fabelwesen oder auch als Bezeichnung für einen schlecht gelaunten Menschen am frühen Morgen, tatsächlich ist Knittelwirsch aber der Name für ein bestimmtes Getränk, von dessen Köstlichkeit ich mich in unregelmäßigen Abständen, aber betont stetig überzeuge.

Und wann wird hier endlich erklärt, welches Getränk das ist und warum es diesen komischen Namen trägt?!
Jetzt. Wir befinden uns an einer Hotelbar – durstig und bereit für eine ungeplant hohe Ausgabe. Die Bestellung: ein beliebtes italienisches, rötliches Abenderöffnungsgetränk. Der Barmann beichtet schuldbewusst das Fehlen des weißen Sektes, weist jedoch auf den Überfluss an Rosé-Sekt hin.

Nach heftiger Bestürzung, aber extrem kurzer Beratung bestehen wir auf diese verrückte Alternative mit dem andersfarbigen Ersatzpräparat. Als der erste Schluck meine Zunge berührt und hernach in Richtung Schlund verlässt, weiß ich: Es ist ein Knittelwirsch – und er wird's auch immer bleiben.

Wenn in diesem Buch hinter einem Wort ein Sternchen (*) auftaucht – was soll das denn schon wieder?
Ein solch gekennzeichnetes Wort ist dem Hirn des Autors entsprungen und in dieser Form nicht im Duden auffindbar. Ein * verweist zudem auf das Sternchenwortverzeichnis auf Seite 161, in dem Erläuterungen für diese kruden Wortschöpfungen zu finden sind. Sollte ein Wort ohne * nicht verstanden werden, bitte im Duden nachschlagen.

Wenn ich dieses Buch als Unterlage für wackelige Gegenstände benutze möchte – welche Maße hat es?
Höhe: 1,5 cm; Breite: 12,5 cm; Länge: 19 cm

Warum soll ich dieses Buch überhaupt lesen?
Weil Menschen faszinierend sind und manchmal gar nicht wissen, wie sehr sie das sind.

Und wann geht's endlich los?
Jetzt.

Begegnungen im Alltag

6:15 Uhr

Dieses Erlebnis wurde mir so eindrucksvoll geschildert, dass es gleich zu Beginn erzählt werden muss.

Wer an einer belebten Straße wohnt, muss geräuschtechnisch so einiges aushalten, hat dafür aber ein kostenfreies und fortwährendes Unterhaltungsprogramm.

Als sich die Erzählerin dieses Erlebnisses eines Werktags morgens um 6:15 Uhr notgedrungen in eben dieses einklinkt, wird auf dem Grünstreifen gegenüber gerade das Stück »Vier Lebewesen und ein Klecks Erbrochenes« gegeben.

Auf der Hauptbühne – nennen wir sie Parkbank A – sitzen ein Junge und ein Mädchen, wild flirtend. Auf der Nebenbühne – nennen wir sie Parkbank B – liegt ein junger Mann, wild schlafend. Unter ihm: sein Mageninhalt.

Da betritt aus dem Hintergrund die Hauptdarstellerin die Szene. Braunes Haar, leichter Überbiss, langer Schwanz, wild krabbelnd. Sie interpretiert ihre Rolle als Allesfresser famos. Einen Happs aus dem Klecks, zack ins Gebüsch. Näschen vorstrecken, Lage sondieren, mjam, ab ins Versteck. Auf B wird weiter genickt, auf A wünschte man sich wohl selbiges mit F.

Ein ausbaufähiger Start in den Tag: ein balzendes Pärchen, ein ausgekotzter Junge und eine recycelnde Ratte.

Guten Morgen.

Dadadada, dadadada, dadadaadaadaa

Diese mobile Kommunikation ist ja echt der Knaller. Jeder ist immer und überall erreichbar, wenn er das denn möchte. Auch die lieben Senioren kosten die Wunderwelt der Technik und die damit verbundene Form von Freiheit dankbar aus – so sie denn ihr mobiles Handgerät begreifen.

Da sitzt man also in einem zugegeben etwas biederen Etablissement und gönnt sich ein Genießerfrühstück, das urplötzlich unterbrochen wird durch infernalisch lautes Handy-Gebrüll, dessen Form und Konsistenz sofort Rückschlüsse auf die Beschaffenheit des Eigentümers zulassen. Denn es ist jener Klingelton-Klassiker aus den Mobilfunk-Kindertagen, noch vor den Jamba-Sparpaketen oder den »Immer-zwei-mal-mehr-wie-Du«-Angeboten.

Dadadaada, dadadaada, dadadaadaadaaa, schallt es in meinen Ohren.

Dadadaada, dadadaada, dadadaadaadaaa.

Der Versuch der von drei männlichen Begleitern umgarnten älteren Dame am Nachbartisch, Herrin über ihren widerspenstigen Besitz zu werden, scheitert kläglich. Ein paar Augenblicke später meldet sich der unbefriedigte Apparat völlig unerwartet erneut.

Dadadaada, dadadaada, dadadaadaadaaa, donnert das Gerät in den Raum.

Dadadaada, dadadaada, dadadaadaadaaa!

Die überforderte Handy-Halterin übergibt an Begleiter eins.

Dadadaada, dadadaada, dadadaadaadaaa!

Einem kurzen Moment der Ratlosigkeit des in die Pflicht

Genommenen folgt die sofortige Übergabe an Begleiter zwei, der ein Smartphone vor sich liegen hat. Schon an der ausgefeilten Handhabung – Knopf drücken, ans Ohr halten und sprechen – ist der Könner auszumachen.

Der bisher unbeteiligte dritte Begleiter der Handy-Oma spürt die Blicke eines jüngeren Pärchens und sagt: »Gell, den Klingelton kennt ihr net mehr, oder? Das ist ein ganz, ganz alter!«

Ich hatte bei meinem Genießerfrühstück auf lautlos gestellt.

Das Fachgespräch

Vorurteile sind nix Gutes. Reumütig erzähle ich dies hier.

Da stehe ich also, um mein Leben freiwillig um ca. fünf Minuten zu verkürzen, vor der Tür. Da beehren mich zwei Gesellen mit demselben Vorhaben. Der eine kommt eher unscheinbar daher, der andere ist indes absolut scheinbar: knapp zwei Meter lang, stattliche Figur, etwas weniger Haare auf dem Kopf als ein Nacktmull, Narbe unter dem rechten Auge.

Ihre Unterhaltung ist etwas für Rhoihessisch-Gourmets. »Des mussde trockne lasse, dann schmeckt's bessä«, höre ich den Koloss sagen. Dabei fällt mein Blick auf sein T-Shirt. Dort prangt ein allseits bekannter jamaikanischer Reggae-Musiker. Aha, denke ich, ein Fachgespräch also.

»Des wächst wie die Sau«, fügt Wandschrank an. »Des kommt bei moiner Nachbarin schon zwische de Rose naus!«

Als ich beginne, mich als Geheimnisträger und irgendwie mitschuldig zu fühlen, sagt Rhoihesse-Marley plötzlich: »Als isch der was ogebode hab, sacht die doch glatt: »Isch mag kon Fenschel!«

Sun is shining, the weather is sweet. Yeah.

Das Scheiß-Foto

Unlängst durfte oder besser musste ich nach einer Sportveranstaltung einen Streit zwischen zwei adoleszenten Menschen mit Penis beobachten. Dabei ging es offensichtlich nicht um die Länge desselbigen, sondern um ein weitaus größeres Problem, dessen sofortige Klärung äußerst dringlich zu sein schien. Denn die Auseinandersetzung fand vor einer Toilette statt, hatte eine hohe Intensität und drehte sich, wie später herauskam, um ein Foto, dessen Rechtmäßigkeit von einem der beiden Streithähne entschieden angezweifelt wurde. Auf Nachfrage erfuhr unser kleines, in die Jahre gekommenes Grüppchen, dass eine intime Aufnahme eben jenen intimen Bereich verlassen und während unserer Erkundigungen bereits den Weg ins World Wide Web gefunden hatte. Kurzum: Der Ohrfeigenempfänger hat den Ohrfeigensender beim Kacken fotografiert und bei Facebook gepostet. Frech, unverschämt, gemein – ein Racheakt, wie weitere Recherchen ergaben.

Nachdem die beiden Nachbarn und Freunde vom Ordnungspersonal des Geländes verwiesen worden waren, standen wir da, versetzten uns weinschorlengeschwängert zurück in unsere Jugend und konstatierten: Diesen Streit hätte es in dieser Form damals nicht gegeben. Oder doch?

Wir befinden uns nun also in den späten 80ern. Zwei Freunde gehen zusammen zur Toilette. Der eine hat den Schalk im Nacken und wie selbstverständlich eine analoge Kompaktkamera in der Hosentasche. Sein heimlicher Schnappschuss hinter der Toilettentrennwand wird begleitet von der Hoffnung, ein still sitzendes Model abgelichtet zu haben, da nur

Bewegungsarmut ein scharfes Bild verspricht. Über den Erfolg der Aktion informiert ein paar Tage später das Fotolabor, das dann auch die Vervielfältigung der zu verbreitenden Aufnahme übernimmt. Die 1200 Abzüge für Freunde, entfernte Freunde und deren Freundesfreunde, für Bekannte, entfernte Bekannte und deren Bekanntenbekannte sind dann auch schnell eingetütet und postalisch auf den Weg gebracht.

Die Öffentlichkeit wird gleichzeitig informiert durch gezielte Maßnahmen in Fußgängerzonen, Aushängen an stark frequentierten Plätzen und Anzeigen in internationalen Presseerzeugnissen, die sich allerdings bereit erklären müssten, das Bild eines Jugendlichen beim Verrichten des großen Geschäfts zu veröffentlichen. Und keine zwei Monate später ist die Grundlage geschaffen für einen ordentlichen Streit zwischen den beiden Kontrahenten.

Mit dem letzten Schluck aus der Weinschorle stellten wir fest: Diese sozialen Netzwerke haben das Leben echt ganz schön vereinfacht – #nicht.

Der Schweinehund

Der handelsübliche Schweinehund führt in den meisten Menschen von Februar bis Dezember ein recht geruhsames Leben. Unaufgeregt und zumeist wohl genährt dirigiert er das Handeln seines Inhabers. An Neujahr allerdings beginnt für den Schweinehund die stressige Phase, in der er im großen Stil überwunden, angefeindet, ja sogar bekämpft wird – je nach Willensstärke von Frauchen oder Herrchen zwischen zwei und 27 Tage.

Einen augenscheinlich notorischen Verlierer im Kampf gegen den persönlichen Diktator traf ich unlängst im Fitness-Studio. Nach kurzer, aber intensiver Entkleidungszeit bewegte der 125-Kilo-Koloss seinen haarigen und nur noch von einem Handtuch ummantelten Körper in Richtung Ausgang.

Plötzlich hielt er inne, drehte sich um und sagte: »Scheiße!«

Mehrere Blicke richteten sich auf den halbnackten Adonis.

»Ist heute Dienstag?«, fragte er.

»Ja«, antwortete ich.

»Wie viel Uhr ist es denn?«, fragte er weiter.

»Kurz vor sieben«, entgegnete ich und erntete dieses Mal ein weiteres, aber zweifellos verdrießlicheres »Scheiße!«

Ein anderer übernahm die entscheidende Frage: »Wieso? Was ist denn?«

»Heute ist Frauen-Sauna bis acht«, sagte er mürrisch. Und während er mit hängendem Kopf zurück zu seinem Schließfach schlurfte, murmelte er: »Jetzt muss ich trainieren – was für eine Zeitverschwendung!«

Beim Training trug er dann übrigens ein quietschgelbes T-Shirt mit dem Aufdruck: »Gutenberg-Marathon 2015«

Von wegen notorischer Verlierer: Schweinehundtechnisch ein absoluter Vollprofi.

Anmerkung

An dieser Stelle möchte ich auf ein Phänomen hinweisen, das wohl jeder kennt, der sich schon einmal in einer Großraumkabine zum Umkleiden eingefunden hat. Derjenige, der als nächstes den Raum betritt, steuert gezielt den Spind neben meinem an – zumindest aber einen in unmittelbarer Nähe zum erwählten temporären Kleider- und Taschendomizil. Immer.

Die chronologische Schlüsselausgabe beim Betreten des Etablissements könnte sicherlich eine Erklärung dafür sein. Doch warum kommen auch immer der Geschwitzte und/oder Klatschnasse neben mich und blicken mit ihrem Schlüssel in der Hand ratlos auf meinen Haufen Ausgezogenes oder noch Anzuziehendes?

Wer dieses Phänomen erklären kann, weiß auch, warum das Bermuda-Dreieck jahrelang Schiffe und Flugzeuge gesammelt, wer John F. Kennedy ermordet und wer die flüssige Seife erfunden hat. Ganz sicher.

Anmerkung zur Anmerkung

Aus Gründen der Lesbarkeit und wegen meines Unwissens über Frauen-Umkleidekabinen wurde im Text die männliche Form gewählt, nichtsdestoweniger könnten sich die Angaben auf Angehörige beider Geschlechter beziehen.

Der Zerstreute an Kasse eins

An Kasse eins im nahen Kaufladen ist nicht sehr viel los. Eine erträgliche Anzahl an Gleichgesinnten wartet mit mir auf Abfertigung. Ganz vorne beim Bezahlvorgang: ein etwas verstört wirkender Mann mit einem, nun ja, nicht wirklich gesunden Einkauf. Ein bisschen Chips hier, ein wenig Schokolade dort und als Krönung zwei Plastikflaschen aus der exquisiten Erfrischungsgetränke-Kollektion des hiesigen Lebensmittelmarktes, die er prompt an der Kasse stehen lässt.

»Super«, denken wohl alle an Kasse eins, »diese Köstlichkeiten aus Wasser, Chemie und Zucker lassen sich eh schwerlich mit dem Umfang deines Bauches vereinbaren«.

»Halt«, rufen stattdessen alle, während der Vergessliche nach draußen schleicht, »Sie haben Ihre Getränke vergessen.«

Der Zerstreute huscht zurück, schnappt sich ein Fläschchen und dreht wieder Richtung Ausgang ab.

»Richtige Entscheidung«, denken wohl alle an Kasse eins, »lass' wenigstens eine der zwei Kalorien-Bomben zurück«.

»Halt«, rufen stattdessen alle, »jetzt haben Sie die zweite Flasche stehen gelassen.«

Konsterniert bleibt der Wiederholungstäter an der Tür stehen, kratzt sich am Kopf und informiert seine Mitmenschen: »Ich bin völlig fertig. Ich bin seit einer Woche Vater!«

Herzlichen Glückwunsch!, denken wohl alle an Kasse eins und rufen unisono: »Herzlichen Glückwunsch!«

Die Taube

Tauben sind wohl der wenigsten Menschen Lieblingstiere. Schon gar nicht die urbanen Flugratten. Gurrend, kackend, nervig. Wer beschleunigt nicht gerne sein Auto, wenn ein solch ungeliebtes Exemplar über die Straße wackelt. Nicht um es zu töten, sondern um zu sehen, wie und wann es hektisch wegflattert, und natürlich, um es zu ärgern.

Eines Tages allerdings würgte eine Taube diesen Reflex schlagartig ab. Sie tat etwas Überraschendes, Interessantes, gar Faszinierendes: Mit stolz geschwellter Brust stakste sie über die Straße – und zwar ordnungsgemäß auf dem Zebrastreifen, beobachtet von einem wartenden Menschen im Auto mit einem anerkennenden Schmunzeln im Gesicht.

Eine Taube, die sich an die Regeln hält!

Geht doch.

Dom oder Römer – Hauptsache Urlaub

Dies ist allen gewidmet, die in Deutschland Urlaub machen – und auch sonst eigentlich allen.

Der Tourismus in Deutschland boomt. Im Jahr 2016 gab es laut Statistischem Bundesamt 447,2 Millionen Übernachtungen im Land der Dichter, Denker und Weltmeister. 80,8 Millionen davon absolvierten Menschen aus dem Ausland. Ich hatte dereinst das große Glück, zwei von diesen 80,8 Millionen Übernachtern* kennenzulernen – ein kurzes, aber doch recht nachhaltiges Treffen.

Am Mainzer Bahnhof hielten mich zwei Damen auf und fragten nach dem Weg. Was sich hier so locker hinschreiben lässt, war in Wirklichkeit ein zäher Prozess, den wir gemeinsam zu durchkämpfen hatten und an dessen Ende feststand: Bahnhof. Rein örtlich gesehen ein durchaus befriedigendes, für die Entschlüsselung des Problems aber wenig zielführendes Ergebnis. Die Rettung aus dieser vertrackten Situation kam in Form eines Stadtplans, den die eine Übernachterin* aus ihrer Tasche zauberte. Und da offenbarte sich mir mit einem Schlag des Rätsels Lösung. Wer den Römer besichtigen möchte, der sollte sich auch in die Stadt begeben, wo der Römer zu finden ist.

Nachdem ich den verirrten Damen per Handzeichen die Fahrtrichtung der S-Bahn nach Frankfurt veranschaulicht hatte, kam mir eine Frage in den Sinn, welche die Basis für eine neue Studie des Statistischen Bundesamtes bilden könnte: Wie viele von diesen 80,8 Millionen in Deutschland übernachtenden Touristen wissen eigentlich, wo sie sind?

Eine Frage der Kämmie*

In einem Schwimmbad im September.

Zwei Mädchen im Teenageralter gehen ins Becken. In ihrer Hand – man mag es kaum glauben – ein Wasserball! Sie boxen sich eine Zeitlang recht ungeschickt die unförmige Kugel hin und her, da kommt ein drittes Mädchen dazu und fragt: »Was spielt ihr denn?«

Diese Frage ist allein schon so schön, dass sie bis zum Beginn der nächsten Sommersaison stehen könnte, aber das mit Kräusellöckchen ausgestattete dritte Mädchen setzt noch einen drauf: Sie berichtet von einer Kämm-Session in der Damen-Umkleide, taucht sogleich mit einer fließenden Bewegung ihren Kopf vollständig (!) unter Wasser und spricht dann die faszinierenden Worte: »Sehen die nach dem Kämmen jetzt besser aus?«

Vielleicht versteht man das als Mann nicht, aber wäre die Frage vor dem Untertauchen nicht sinnvoller gewesen?

Eisbein

Mit schönen Grüßen an die Welt.

Gehen eine Tschechin und ein Deutscher in einen rheinhessischen Lebensmittelgroßmarkt. An der Fleischtheke treffen sie auf die kroatischstämmige Fachverkäuferin. Bevor sie bestellen können, bittet die Fleisch-Fee in geschliffenem Deutsch um Hilfe: »Ich verstehe die drei Asiatinnen da drüben leider nicht. Ich habe Russisch in der Schule gelernt und müsste jetzt auf Englisch antworten.«

Die drei Asiatinnen kommen herüber und halten der Tschechin und dem Deutschen ratlos eingeschweißtes Eisbein unter die Nase.

Nun erklären also die Tschechin und der Deutsche vor den Augen der des Russischen mächtigen Kroatin den Asiatinnen auf Englisch, wie die deutsche Spezialität genießbar werden könnte.

Zufrieden ziehen die Asiatinnen von dannen und die Tschechin und der Deutsche wenden sich wieder der Kroatin zu und sagen auf Deutsch: »Wir bräuchten bitte mageres Rindfleisch. Wir wollen asiatisch kochen!«

Eiskübelherausforderung (#Icebucketchallenge)

Das Eiswassergedöns* ist ja sauber an mir vorbeigegangen, ich habe aber trotzdem für die ALS Association gespendet. Warum? Weil mich das Leben höchstpersönlich nominiert hat. Dezent, aber charmant!

Des Lebens gelungener Plan: Bei bestimmten Entscheidungen räumt einem das Schicksal nicht wirklich ein Mitbestimmungsrecht ein. Es fragt nicht, es fackelt nicht lange, es macht einfach – eiskalt fordert es einen heraus. Das ist sowohl bei den wichtigen Dingen im Leben so, als auch bei den kleinen Wendungen im Alltag. Beim Verschlucken von Fliegen zum Beispiel, oder auch beim Verkleckern von Rotwein. Zu beidem würde man im Voraus wohl eher Nein sagen, man wird aber nicht gefragt. Genauso wenig wie beim Verlieren von Geld.

So zog mir unlängst also das Schicksal 20 Euro aus der Tasche. Einfach so, weg, Kohle im Eimer. So dachte ich zumindest. Tatsächlich aber überreichte mir am nächsten Tag die gute Seele unseres Hauses mein verloren geglaubtes Stück Wertpapier. Sehr anständig fand ich das, zudem höchst loyal und echt saunett.

Und da fiel plötzlich der Groschen: Herausforderung, eiskalt, Eimer. Anständig. Loyal. Saunett. Der Hinweise genug; dieses Mal durfte und sollte ich über das Schicksal bestimmen und dem Schein mit der zweiten Chance die richtige Richtung weisen: überweisen. Gerne.

Entschleunigung unter erschwerten Bedingungen

Sehnen wir uns in dieser hektischen Welt nicht alle nach etwas Zeit? Nach Entschleunigung und gepflegtem Nichtstun?

Neulich habe ich einen Entschleunigungskurs besucht. Je nach Nachfrage dauert dieser zwischen ein bis drei Stunden und findet mit jeweils wechselnden Teilnehmern statt. Deren Motivation zur Mitwirkung an den täglich angebotenen und stark frequentierten Kursen speist sich zumeist aus dem Streben nach Erkenntnis mit dem Ziel der Genesung von Körper oder Geist. Es bedarf keiner aufwendigen Vorbereitung und die körperliche Verfassung kann eher vernachlässigt werden. Dafür sollte jeder Kursteilnehmer im Idealfall eine Prise Schicklichkeit, eine Unze Anstand und eine Handvoll Teamfähigkeit mitbringen, um den optimalen Verlauf des gemeinsamen Nichtstuns zu gewährleisten. Nun ja, bei meinem Lehrgang, an einem trüben Donnerstagvormittag im Dezember, ließen einige Teilnehmer die nötige Ernsthaftigkeit vermissen und machten jene Episode meines Lebens zu einer Abenteuerreise zu den Merkwürdigkeiten menschlichen Daseins.

Mein Kurs steht unter dem Motto »Ach was dud des weh, was dud des alles so weh«. Für die Dauer des Kurses wird dies mantraartig von einer älteren Dame in den Raum hineingeschnauft. Als ich einen Platz eingenommen habe, begrüßt mich eine Nase, die sich für ihr eigentliches Berufsziel als Nebelhorn oder als Posaune derzeit im Gesicht einer zierlichen Frau einzutröten scheint. Verängstigt verkrieche ich mich hinter meiner Zeitung und lausche dem Gespräch meines Nachbarn. Dieses ist eher ein Monolog und handelt von Klaus und einem maroden Fitness-Studio, das besagter Klaus in den Abgrund gewirtschaftet haben soll. Gerade als es um Loyalität und Treue geht, klingelt ein Handy. Die Besitzerin passt sich der Lautstärke ihres Gerätes an und brüllt »Isch kann jetzt net!« und legt auf.

Das Nasen-Nebelhorn erschallt.

Ich konzentriere mich wieder auf den monologisierenden Lederblouson-Träger neben mir. »Ich will nicht mehr den Kopf hinhalten für Klaus«, schimpft er, »es reicht mir ein für alle Mal. Ich habe schon einen Plan!« Endlich, denken wohl alle im Raum, endlich. Dann lässt der Blousonist* die Katze aus dem Sack: »Ich mach' mein eigenes Studio auf! Mitten in Wiesbaden. Das läuft schon alles.« Kurz bevor der Applaus aufbrandet, die Sektkorken knallen und La Ola durch das Wartezimmer schwappt, sagt er: »Aber pssst, das darf noch keiner wissen!«

»Ach was dud des weh, ach was dud des alles so weh«.

Töröööö!

Der Nächste bitte.

Anmerkung

In Anhang befindet sich das Protokoll inklusive des genauen Wortlauts des konspirativ anmutenden Gesprächs zwischen dem Lederblouson-Mann und seiner Bekannten – gefiltert und somit mantra- und nebelhornfrei. Bei der Lektüre desselbigen entwickelt sich die ganze Anmut des zum Monolog mutierten Dialogs.

Aber: Bitte nur lesen. Nicht weitererzählen. Darf ja noch keiner wissen.

Fingerfertigkeit

Ich möchte Euch ein wenig quälen
und was Ekliges erzählen.
Und zwar in Reimform dargebracht,
denn dies geschah an Fassenacht.
Es trug sich zu im letzten Jahr.
Echt widerlich, aber wahr.

Da steht man also ziemlich dumm
montags in der Stadt herum.
Man grüßt mal da, man grüßt mal hier,
benetzt den Hals mit ein, zwei Bier.
Man schreit Helau, singt doofe Lieder.
Und zwar gerne. Immer wieder!

Doch plötzlich und nicht unerwartet:
Bier muss raus, Dilemma startet.
Ich schau' mich um und scan' die Straße.
»Los, du Narr«, brüllt meine Blase.
»Mach jetzt schnell, bevor ich platz'!«
Da höre ich den tollen Satz:
»Glei do hinne kannsde pisse.
Da is e Rinn' fer all, die misse.«

Gut, denk ich, nix wie hin
und stell mich an den Abfluss hin.
Erlösung! Freiheit! Reines Glück!
Alles prima. Da geht mein Blick

zum Nebenmann, jung und blau,
man sieht es gut, er schwankt wie Sau:
links – rechts – vor – zurück,
die Hand ganz fest am besten Stück,
trifft wie ne Eins den kalten Stahl.

Doch dann stoppt er auf einmal,
lässt den Schniepi Schniepi sein,
denn ihm fällt was andres ein:
Ohne Pause und rasant
führt er seine rechte Hand,
die eben noch den Pimo* hielt,
zum Mund empor und steckt gezielt
zwei Finger in den Rachen rein.
Bitte, denk ich, lass das sein!
Ein hehrer Wunsch, er lässt es nicht.
Ich will nur weg, zurück ins Licht,
und sehe aus den Augenwinkeln
den Typen auch noch fertig pinkeln.

Was lehrt mich diese schlimme Sache?
Wegschaun oder nie mehr mache!

Gemüsepfanne

Es ist eine gute Nachricht für unkonzentrierte Menschen: Ich habe in einem Feldversuch eine Redensart entwickelt, die das Dasein von gedankenverlorenen Individuen um ein Vielfaches erleichtern könnte. Eine Lebensweisheit, die den »zerstreuten Professor« bald zur ausgestorbenen Spezies machen könnte – ein Spruch für die Ewigkeit:

>»Katzen schnurren, Hunde bellen –
>bloß kein Essen im Bus bestellen!«

Gut, der Zauber, der diesem Sprichwort innewohnt, entfaltet sich nicht sofort, aber vielleicht die Geschichte dahinter.

Denn es war ja so: Ich stand einst wartend an einer Bushaltestelle. Auf mich wartete eine Geburtstagsgesellschaft. Deren Mägen wiederum warteten auf das Essen und die Kellner auf dessen Bestellung. Eine einzige Warterei war also an jenem Abend im Gange. Um diese wenigstens einem der Kellner zu verkürzen, bekam ich per mobiler Datenübertragung die Speisekarte präsentiert, deren Studium sofort meine gesamte Aufmerksamkeit verschlang. Fleisch? Nudeln? Salat? Die Gemüsepfanne? Bratkartoffeln oder Pommes? Wann kommt der Bus? Überhaupt Schwein? Doch lieber Rind? Was ist mit der Wildfrikadelle? Das Handkässchnitzel? Doch nur Nudeln? Oder wirklich nur Salat?

Den hatte ich allerdings jetzt schon: eine Gruppe wartender Hungriger, ein Füllhorn an Angeboten, ein Magen voller Leere, kein Ticket und einen einfahrenden Bus. Für ein in die

Jahre gekommenes männliches Hirn eine schier unüberwindbare Aufgabe.

Den Schritt in den Bus meisterte ich noch bravourös, auch den Blick zum Busfahrer schaffte ich ohne größere Schwierigkeiten – nur beim anstehenden Ticketkauf gingen meine Synapsen ihren eigenen, eigenwilligen Weg. So stand ich also vor ihm und sagte voller Inbrunst und Überzeugung, jetzt genau das Richtige zu tun: »Eine Gemüsepfanne, bitte!«

Gerade als das Ausrufzeichen samt Anführungsstriche oben meinen Mund verlassen hatte, um am Ohr des Busfahrers zu zerschellen, wurde mir bewusst, dass ich an der Reihenfolge meiner Bestellungen noch ein wenig arbeiten sollte. Aufgrund dieser bahnbrechenden Erkenntnis orderte ich als nächstes also keine Weinschorle, sondern eine Fahrkarte, die mir vom nun sichtbar erleichtert dreinschauenden Maître d'autobus ausgehändigt wurde.

Ich nahm Platz und übermittelte an die wartenden Mägen: Bestellt mir bitte die Gemüsepfanne, beim Busfahrer bekomme ich sie nicht. Seither weiß ich:

>»Katzen schnurren, Hunde bellen –
bloß kein Essen im Bus bestellen!«

Und wer im Bus schon mal vergeblich auf sein Rumpsteak gewartet hat, weiß, wovon ich rede.

Randnotiz
Als ich den zugegebenermaßen inhaltlich wie sprachlich etwas sperrigen Neuankömmling in meiner Kiste mit Redens-

arten verstauen wollte, wurde ich von zeitlosen Klassikern wie *Abendbrot macht Wangen rot* und *Ohne Fleiß, kein Preis* argwöhnisch beobachtet und auf der Suche nach einem Platz im Langzeitspeicher von Traditionalisten wie *In der Not frisst der Teufel Fliegen* und *Hopfen und Malz – Gott erhalt's* angepöbelt.

Ich kam also nicht drum herum, die recht spezielle Bedeutung des Neulings einzugestehen, machte aber ausdrücklich auf die zunehmende Nützlichkeit des Spruches bei zunehmendem Alter und abnehmender Konzentrationsfähigkeit aufmerksam. Des Weiteren unterstrich ich noch einmal vehement die Wichtigkeit der Weisheit für chaotische Personen, deren Mund öfter mal ohne vorherige Kommunikation mit dem Hirn seinen Dienst aufnehmen möchte.

So beendete ich die Diskussionen, schob *Die Eins ist die Vier des kleinen Mannes* zur Seite, drückte *Wes Brot ich ess', des Lied ich sing'* ein wenig nach hinten und legte den Neuen im Langzeitspeicher ab – unter T wie Tiere, in direkter Nachbarschaft zu *Nachts sind alle Katzen grau* und *Da beißt die Maus keinen Faden ab*.

Seitdem wartet die taufrische Redensart zusammen mit ihrem neuen Freund *Du kannst nicht zwei Pferde mit einem Hintern reiten* auf ihren nächsten Einsatz, um dann zur Stelle zu sein, wenn der wirre Kopf drauf und dran ist – nur so als Beispiel – in einem Linienbus eine Gemüsepfanne zu bestellen.

Gewitter-Grazie

Es begab sich an einem Tag, als die Sonne so richtig gute Laune hatte. So ein Tag also, der es einfach verdient hatte, ihn mit einem frühen Bierchen gebührend zu würdigen.

Gar nicht überraschend stand ich mit dieser Idee und deren Umsetzung nicht alleine da. Ich gesellte mich vor der Kneipe nebenan zu den Bierdurstigen und Sonnenhungrigen und würdigte reichlich. So lange, bis ein ergiebiger Gewitterregen aus den Würdigenden eine ins Trockne flüchtende Leidensgemeinschaft formte. Feixend wurde fortan die hektische Betriebsamkeit außerhalb des Unterstandes kommentiert.

Bis, nun ja, bis diese von der Natur fast schon unverschämt begünstigte Geschöpfin* am Fenster vorbeidefilierte und alle Blicke auf sich zog. Pfauengleich und aufreizend langsam stolzierte sie an der staunenden Menge vorbei. Selbst die Vielzahl der um die Gunst der glücklichen Landung ringenden Regentropfen brachte ihren wohlgeformten Körper nicht ins Hudeln. Erst der spontane Beifall der Kneipen-Gesellschaft zauberte ein flüchtiges Lächeln auf ihre Lippen. Und ihre Zähne waren genauso weiß wie ihr T-Shirt – aber eben blickdichter.

Und später kam die Sonne wieder.

Applaus.

Herzenswunsch

Dies ist die Mär von einem Herz.
Es war hart und furchtbar kalt,
es pochte nicht, empfand nie Schmerz,
denn aus Teig war die Gestalt.

So hing es einst, ganz fein verziert,
verknüpft mit einem Bändchen,
wunderschön mit Schrift garniert
auf dem Markt im Ständchen.

Bei aller Pracht – es war allein
in all der Herzensschar.
So gern es wollt Geschenk doch sein
für sie, für ihn, fürs Liebespaar.

Nie wurd' es doch ausgewählt,
schon blass war die Glasur,
die Zeit auf Erden schien gezählt
auf dessen Lebensuhr.

Bis zum Tag, als zwei Idioten,
schon leicht beschwipst vom Wein,
fürs Herzelein ein Entgelt boten.
Ein Geschenk solle es sein.

Als Gag nurmehr, als schlechter Scherz,
zu mehr tauge es kaum.
Fürs kleine, arme, alte Herz
erfüllte sich ein Traum.

So gab die Maid vom Kirmes-Stand,
grimmig und behende,
das frohe Herz mitsamt dem Band
in der Idioten Hände.

Dort lag es dann, das Aufgeregte,
das aufs Leben so Verrückte.
Als ein Idiot just Zweifel hegte
und aufs Datum blickte.

»Das Herz ist dem Verfall geweiht!
Das habt Ihr wohl vergessen.«
Konsterniert frug ihn die Maid:
»Waaaas?! Ihr wollt das essen?!«

»Das nenn' ich mal Ehrlichkeit«,
sprach ein Idiot zum andern,
»doch Recht hat sie. Zu keiner Zeit
wird das in Mägen wandern!

Gleichwohl reicht es zum Schabernack
für unsern Freund mit Bauch,
da auch er ein alter Sack
so wie das Herzerl auch.«

Dies war indes vom Glück beseelt,
es schwieg, frohlockte leise.
Lang genug ward es gequält.
Nun folgt die erste Reise.

Und als es einen Hals umschwang
als blöde Narretei,
so fühlte es sich ohne Zwang
zum ersten Male frei.

Und wusste doch, dass der Genuss,
des Teiges Kapriolen,
dies Hochgefühl im Zuckerguss
sich nicht lässt wiederholen.

So leb' nun wohl, süß Freiheit mein,
auf dich war ich versessen.
Ich wünschte nur, sprach's Herzelein,
man hätte mich gegessen!

Honig-Dialog

Im Lebensmittelfachgeschäft um die Ecke.

Auf dem Weg zur Nutella werde ich unfreiwillig Zeuge eines kurzen, aber faszinierenden Dialogs zwischen zwei Bedienstinnen* des Marktes.

Beim Nachfüllen der Regale steht also die Jüngere der beiden – Frau B., blond, Pferdeschwanz, schwarze Leggins, wohlgenährt – mit einem Glas Honig bewaffnet vor der Auslage und liest über das Etikett: »L-a-n-g-n …«, sie gerät ins Stocken, setzt neu an, gerät abermals ins Stocken.

Ihre etwas ältere Kollegin interveniert: »Langnese! Der Honig ist von Langnese!«

Mit großen Augen – inzwischen schenke ich dem Dialog meine komplette Aufmerksamkeit – blickt Frau B. ihre Kollegin an und fragt wissbegierig: »Ist das das, wo auch Eis macht?«

Sieben Wörter, die mir schon helle Freude bereiten, doch das illustre Zwiegespräch findet seine atemberaubende Fortsetzung.

»Sag mal, wie lange bist du denn schon hier?«, fragt die Ältere.

»Drei Jahre!«, ist ihre für mich doch etwas überraschende Antwort.

Frau B. beschließt diese lehrreiche Lektion mit den weisen Worten: »Wieder ein bisschen schlauer geworden!«

Dann ist der Weg zur Nutella frei.

Im Tabakladen

Raucher haben es in der heutigen Zeit nicht wirklich leicht. Sie sind hauptsächlich schuld an Klima, Krieg und Krisen.

Dessen eingedenk und daher zutiefst eingeschüchtert stehe ich also eines schönen Tages – auf meine einkaufende Begleitung wartend – mit einer brennenden Zigarette brav vor dem Tabakladen. Plötzlich werde ich aus dem Inneren des urigen Fachgeschäfts in feinstem Rheinhessisch gebeten, trotz des brennenden Glimmstängels einzutreten.

Ich tue wie mir geheißen und verweile nun staunend und dampfend zwischen all den fein arrangierten Rauchwaren.

»Das ist ja schön, dass man hier drin noch rauchen darf«, sage ich zu dem wohltuend herzlichen Gastgeber.

Er blickt mich verwundert an und begründet ziemlich einleuchtend: »Ei, des wär doch so, als wenn mer beim Metzgä kä Worscht esse derft!«

Logisch.

Ironiefreie Zone in Reihe S 4

Kabarett ist lustig, manchmal aber nicht nur auf der Bühne, sondern auch davor.

Da sitzt man also im Mainzer Unterhaus und lauscht einem Mann, der es famos versteht, sein Publikum zu unterhalten. Dazu benutzt er gerne mal einen Sidekick: sein im methusalesken Alter befindlicher Opa, der zu allem etwas zu sagen hat und stets den passenden Tipp für seinen Enkel parat zu haben scheint: »Mein Opa sagt immer …, mein Opa macht immer …, mein Opa hat immer …«

Das ist legitim, das ist klassisch, das ist lustig – wenn man dieses Prinzip denn versteht.

Und hier kommt die Sitznachbarin ins Spiel. Die Dame vom Typ ökologisch abbaubare Baumliebhaberin mit sozialpädagogischer Offizierslaufbahn begeistert schon zuvor permanent ihre Umgebung mit Kommentaren wie »Ja, das stimmt!«, »Uh, da hat er recht!« oder »Uijuijuijuioooooh!«

Ein wenig später offenbart sie dann vollends ihr von einigen in den Reihen S 3 bis S 5 bereits vermutetes Defizit in Sachen Ironie. Der lustige Kerl da vorne hebt also erneut zu einer Geschichte an: »Mein Opa hat mir heute Mittag gesagt: ›Fahr’ mit möglichst wenig Erwartung nach Mainz, dann wirst du auch nicht enttäuscht!‹«

Da bricht es aus der Mitmach-Frau heraus: »Na, DER hat aber eine schlechte Meinung von uns!«

Und das Schweigen in Zone S 3 bis S 5 ist immens.

Kassentreffen

Feierabend, schnell noch was einkaufen, ab zum Lebensmittelgroßmarkt. Die Zeit drängt, da Magen und Kühlschrank gleichzeitig um Fütterung betteln – Widerstand zwecklos.

Hätte ich jedoch geahnt, dass ich direkt ins Hoheitsgebiet von Edward A. Murphy jr. und seinem Gesetz eindringe und sich der Einkauf dadurch geringfügig in die Länge zieht, hätte ich meinem Magen wohl einen Batzen Fast Food schmackhaft und meinem Kühlschrank die momentan karge Füllung schön geredet. So aber bezahlte ich meinen Entschluss zum schnellen Einkauf nicht nur mit Geld, sondern auch mit Blut und Lebenszeit – drei Güter, die aufgrund ihres begrenzten Vorrats als kostbar zu bezeichnen sind und deren Verschwendung nicht unbedingt erstrebenswert ist.

Wider aller Vernunft fing ich aber gleich mit der Ressourcen-Vergeudung an und schickte meinen Zeigefinger in einen verlustreichen und blutigen Kampf mit einem Einkaufswagen. Mit vereinten Kräften und einem Euro Bestechungsgeld zähmten wir den renitenten Widersacher und präsentierten die Beute stolz den anderen Besuchern des Marktes.

Davon gab es dann leider reichlich an Kasse eins, deren Umrisse ich von meiner Schlangen-Position aus schemenhaft am Horizont erkennen konnte.

Als sich der zweite Liter Blut aufmachte, meinen Körper zu verlassen, öffnete eine weitere Kasse, an der bereits Mr. Murphys großer Trumpf auf mich wartete: der wohl langsamste, talentfreieste und rechenschwächste Kassenwart der Welt, dem ich von nun an bei der Zurschaustellung dieser in seiner Tätigkeit eher unpassenden Eigenschaften zuschauen durfte.

Während ich ihn auf Position vier der Schlange beobachtete, in welcher Geschwindigkeit er die Artikel über die Barcodeentschlüsselungsmaschine zog, dachte ich über einen geordneten Rückzug nach, ließ nach einer kurzen Diskussion mit meinem Magen aber davon ab. Eine schlechte Entscheidung, wie sich zeigte, da die Kundin in der Pole Position den Wunsch äußerte, nicht nur Geld ausgeben, sondern auch abheben zu wollen.

Noch während er mit seinem herbeigerufenen Kollegen an der Lösung des Problems arbeitete, bahnte sich auf dem Beförderungsband die nächste knifflige Aufgabe in Form einer Zucchini an, die im Allgemeinen die Unverschämtheit besitzt, einer Gurke zu ähneln. Nach einem Crash-Kurs in Gemüsekunde, der mich weitere 45 Sekunden meines Lebens kostete, wurde es mathematisch an Fahrschul-Kasse zwei. Die Zeit, in der er verlangte 28,13 Euro und gegebene 30,13 Euro in den richtigen Zusammenhang brachte, nutzte ich dazu, die in meinem Wagen befindlichen Artikel nach Größe, Alphabet und Preis zu sortieren und sie in der korrekten Barcode-Ausrichtung aufs Band zu legen. Nachdem er meiner Kassenkameradin überraschenderweise zwei Euro überreicht und die Transaktion damit vorschriftsmäßig beendet hatte, war ich an der Reihe.

Die Abfertigung ging gut voran – bis zum M. M wie Milch, deren Widerborstigkeit erneut die Hilfe seines Kollegen und von mir enorm viel Geduld verlangte. Ich geduldete mich vorsorglich in einen rauschähnlichen Zustand und war somit vorbereitet auf die nächste Hürde in Form einer nummernlosen Paprika, die professionell, aber doch etwas ungeduldig ihrer Registrierung harrte. Seine erste Ziffern-Eingabe führte erneut und nicht ganz unerwartet in die Storno-Hölle und zur wiederholten Konsultation des Kassenlehrers, dessen Alleswisser-Image dann allerdings ein paar Risse abbekam, als er die Paprika als Pfirsich über den Scanner jagte und somit die zweite, immerhin aber die finale Storno-Operation einleiten musste. Als schließlich der letzte Laufband-Patient den Weg in meinen Einkaufswagen gefunden hatte, fiel mir neben einem Stein vom Herzen auch eine passende Replik auf die in dieser Situation unvermeidbare Frage ein. »Haben Sie eine Payback-Karte?«, fragte er mich dann auch selbstsicher und ganz ohne Souffleur.

Ich blickte ihn an, lächelte und sagte: »Ich würde mir gerne 20 Minuten auf meiner Timeback-Karte gutschreiben lassen.« Als er kurz davor war, seinen Kollegen zu einem weiteren Kassentreffen einzubestellen, zahlte ich und rannte davon. Es galt ja nun wieder Zeit gutzumachen.

Krise am Bierstand

Es ist Sommer, es ist heiß, es ist Fußball.

Da kommt man also zu spät ins Stadion zu einem Freundschaftsspiel seines bevorzugten Klubs gegen West Ham United. Am Getränkehandel in den Katakomben der altehrwürdigen Bruchbude stehend, höre ich wilden Freudentaumel aus dem Inneren. Mist, denke ich, Tor verpasst!

Den Ärger darüber, dass die Herrschaften in kurzen Hosen nicht auf mich warten konnten, nimmt mir ein viel zu kleiner Mann – rote Haare, rotes Gesicht, rotes England-Trikot –, der mir auf dem Weg zur Bar entgegenkommt. Als sich unsere Wege kreuzen, lässt dieses Männlein vom Typ englischer Wadenbeißer, ebenfalls torlos, etwas Faszinierendes verlauten: »Isch krie' die Kriiis'!«

Rhoihessisch in London? Sachen gibt's.

Misanthropischer Vierbeiner

Der große Fluss gleitet majestätisch an der Stadt vorbei. Seine sanften Wogen glitzern in der wärmenden Sonne. Der azurblaue Himmel ermuntert Mensch und Tier, sich am Schauspiel der Natur zu laben, sich in ihr zu bewegen und Straßen und Plätze mit Leben zu füllen. So tut die Menge wie ihr geheißen und frönt in friedlicher Koexistenz exzessiv dem Müßiggang.

Sie nicht. Sie schimpft. Wie ein Rohrspatz. Auf alles und jeden, der ihre Kreise stört.

»Die scheiß Radfahrer«, brüllt sie in die laue Sommerluft, »zum kotze is des!«

Schnell wird klar, dass ihre Kreise nicht denen des Archimedes entsprechen, sondern eher den Umfang eines Saturnrings haben.

»Konnst net spaziere gehe mit deim Hund«, faucht sie, »überall so viel Leut'. Die nerve wie Sau. Scheiße is des! Scheiße!«

Während ich nun fasziniert ihren misanthropischen Ausführungen folge, fällt mein Blick auf ihren kleinen vierbeinigen Begleiter, der den Tiraden seiner Herrin auf seine Weise besonderen Nachdruck verleiht, indem er mit der gleichen Inbrunst, mit der sein Frauchen ihre Mitmenschen beschimpft, an einen Baum kackt.

Wie heißt es doch noch gleich? Im Laufe der Jahre passen sich Mensch und Hund einander an. Ist gelungen.

Nikolaus im Bioladen

Die Vorbereitung

Zur Einstimmung auf die nächste kleine Erzählung sei hier eine kurze Imaginationsübung empfohlen. Sie kann an dieser Stelle absolviert werden, muss aber nicht. Wer sich nun dennoch darauf einlässt, intensiviert eventuell seine Empathie für die Protagonistin und deren Gemütszustand an jenem Donnerstag im April.

Start der Übung

Man stelle sich einen Luftballon vor, einen schönen blauen Ballon, in den unablässig Luft hineingeblasen wird. Der Ballon wächst mit jedem Atemzug, die Außenhaut wird größer und größer, das Material poröser und poröser, das satte Blau des Ballons verwandelt sich zusehends in ein blasses Hellblau, die Augen des Aufblasenden kneifen sich zu Schlitzen zusammen, die Umstehenden halten den Atem an, die Ohren zu, die Explosion ist nur noch einen kleinen Hauch entfernt.
Ende der Übung

Das ist die Stimmungslage der Hauptperson an jenem Donnerstag im April.

Alternative Vorstellungen sind:
- eine geschlossene Cola-Dose, die zehn Minuten in einem leeren Fahrradkorb über Kopfsteinpflaster transportiert wird
- ein Pickel am Kinn eines Teenagers

- ein Chinaböller, der neben dem Lagerfeuer liegt
- eine menschliche Blase nach zwei Litern Wasser, drei Tassen Kaffee und einer vierstündigen Autofahrt ohne Pause

Die Erzählung

Die Erzählung handelt von einer mir nahestehenden Person, Sesamöl und einem sehr bärtigen Mann, der an jenem Donnerstag im April in einem Bioladen um 18:29 Uhr nur haarscharf einer furchterregenden und traumatisierenden Wuteruption entgeht.

Alles beginnt um 17:41 Uhr.

Ich bekomme eine Nachricht: Muss ich noch was einkaufen oder hast du alles besorgt?

Ich antworte in bester Absicht: Alles da. Habe alles besorgt.

Im Altglas-Korb zuckt eine leere Flasche Sesamöl zusammen.

Es ist 18:03 Uhr.

Bevor ich selbst das Haus verlassen muss, heiße ich eine geschaffte, im Feierabend befindliche und deshalb auch recht fröhliche Person willkommen, deren Absicht es ist, beim Kochen mit einer Freundin etwas Sesamöl zu verwenden.

18:04 Uhr.

Im Kühlschrank bereitet sich eine gut gefüllte Flasche Wein auf ihren kurzen, aber anstrengenden Dienst vor. Etwa um dieselbe Zeit setzt sich im Bioladen um die Ecke ein vollbärtiger Mann an die Kasse. Das Schicksal nimmt seinen Lauf.

Um ca. 18:06 Uhr und 33 Sekunden erreicht mich folgende Frage: Haben wir etwa kein Sesamöl mehr?!

Mir fährt der Schreck in die Glieder. Ich sage um 18:06 Uhr und 34 Sekunden: Ui.

Es dauert nur sieben Sekunden, bis die geschaffte, im Feierabend befindliche und deshalb auch recht fröhliche Person letztgenannte Eigenschaft ablegt, auf Pulverfass umschaltet und die Tür hinter sich zuzieht.

18:07 Uhr: Der Dienstbeginn der Flasche Wein verschiebt sich auf unbestimmte Zeit.

Um 18:11 Uhr verlässt ein geschafftes, im Feierabend befindliches, nach Wein dürstendes und gar nicht mehr recht fröhliches Pulverfass schnaubend und Sesamöl-los das erste aufgesuchte Lebensmittelgeschäft. Im Bioladen zieht der bärtige Mann gerade unbekümmert indische Flohsamenschalen über den Barcodescanner.

Als sich die Schiebetür des Bioladens zischend öffnet und der Öl-suchende menschliche Vulkan durch diese schreitet, ist es 18:12 Uhr. Im selben Moment machen sich zwei antiautoritär erziehende Mütter mit jeweils zwei Kindern nahezu synchron auf den Weg zum sehr bärtigen Mann an der Kasse, um der geschafften, im Feierabend befindlichen, nach Wein dürstenden, gar nicht mehr recht fröhlichen Person die Zeit bis zum Sesamöl-Besitz ein wenig aufregender zu gestalten. Das gelingt. Sie wird sich maßlos aufregen.

Es ist 18:15 Uhr, als sie in der Schlange stehend, mit Sesamöl und Kokosmilch bewaffnet, zum ersten Mal den bärtigen Mann sprechen hört: »Alles da?«, fragt der Nikolaus die erste Mutter, deren zwei Kinder im hinteren Bereich des Ladens derweil Fangen, Verstecken und Schnitzeljagd gleichzeitig spielen. »Alles gefunden?«, fügt er an, ohne wirklich auf eine

Antwort zu warten, denn seine volle Konzentration gilt seiner Tätigkeit, die folgendes Muster aufweist: greifen, scannen, heben, warten, übergeben, lächeln.

Es ist 18:16 Uhr, als sie ihre Gefangenschaft in einem Raum-Zeit-Kontinuum realisiert.

Greifen, scannen, heben, warten, übergeben, lächeln.

18:17 Uhr.

Greifen, scannen, heben, warten, übergeben, lächeln.

Zwischen dem nächsten Heben und dem nächsten Warten beobachtet sie einen überdimensionierten, giftgrünen Fahrradhelm, dessen kleiner Träger das Förderband einem Geschmackstest unterzieht. Gerade als sie sich fragt, ob Förderbänder in Bioläden auch Bio sind und bedenkenlos abgeleckt werden können, bezahlt die erste Mutter.

Es ist 18:21 Uhr.

»Alles da? Alles gefunden?«, fragt Santa Klaus die Mutter des gustatorisch interessierten Helm-Kindes und greift nach dem ersten Artikel. Er zieht ihn über den Scanner, hebt ihn an, wartet ein wenig, übergibt ihn und lächelt. Als nächstes sind Blumen dran, über deren Bindungsart und dem daran gekoppelten Preis eine kurze Diskussion zwischen dem

Übergeben und dem Lächeln entbrennt. »Diese Blumen – ob Blumenbund für 13 oder Blumenstrauß für 15 Euro – sehen aus, als ob sie zuvor ohne Wasser und Brot zwei Stunden bei 37 Grad im Fußraum eines Autos gelegen hätten«, brüllt das geschaffte, im Feierabend befindliche, nach Wein dürstende und gar nicht mehr recht fröhliche Pulverfass den beiden Diskutierenden gedanklich in die Fresse und verflucht dabei ihre gute Kinderstube, aus der sie gerade die Übereignung einzelner Joghurts – greifen, scannen, heben, warten, übergeben, lächeln – beobachten darf.

Es ist 18:26 Uhr.

Elf Sekunden später explodiert eine Humorbombe des Lichtgeschwindigkeits-Nikolauses. »Zum Schluss noch was richtig Leckeres!«, sagt er zur Grünhelm-Mama und übergibt ihr eine Packung Gemüsechips, die unter tosendem Abschluss-Lächeln im halb gefüllten Rucksack verschwindet. Der Witz des bärtigen Mannes verbrennt in der Magma des im Feierabend befindlichen Rheinhessen-Vesuvs, für den der Spaß erst beim Bezahlvorgang beginnt, als unglaubliche 60 Euro aufgerufen werden. Das Geld wechselt ganz unökologisch sachlich vom Portemonnaie in die saubergeleckte Kassenanlage.

Es ist 18:29 Uhr. Showdown.

Nikolaus bläst in den Luftballon, greift an die Lasche der Cola-Dose, drückt auf den Pickel, kickt den Chinaböller ins Feuer und schließt das Auto ab: »Alles da?«, hört sie ihn fragen. »Alles gefunden?«

Die Wörter bohren sich wie Pfeile in ihren Körper, der sich vehement gegen eine freundliche Antwort wehrt, seine Zukunft jedoch nicht auf unbequemen Zellenpritschen sieht. Das

Gehirn entschließt sich zähneknirschend gegen eine Eruption und gibt den Selbstbeherrschungs-Befehl aus.

»Ja, Danke«, zischt sie und blickt dabei augenzuckend in ein bärtiges Lächeln, da der Nikolaus indessen gegriffen, gescannt, gehoben und gewartet hat und zur Übergabe des Sesamöls bereit ist.

»Sechs Euro und acht Cent«, sagt er freudig, nachdem auch die Kokosmilch den GSHWÜL-Zyklus durchlaufen hat. Sie gibt 6,09 Euro mit extra viel Eisen-Kupfer-Geld, mit dem sie sich für alle Ungerechtigkeiten der letzten 23 Minuten und überhaupt der ganzen Welt rächen möchte und sagt: »Stimmt so.« Als sie sich bittersüß lächelnd in Richtung Ausgang begeben will, nimmt ihr Santa Klaus den Wind aus den stolzgeschwellten Segeln: »Oh, Danke, liebes Fräulein, jetzt ist mein Saldo wieder ausgeglichen«, flötet er ihr hinterher – und lächelt.

Um 18:37 Uhr nimmt die Flasche Wein ihren Dienst auf. Kurzarbeit.

Alles da. Alles gefunden.

Notlüge

Unlängst werde ich Zeuge einer dreisten Verdrehung der Tatsachen zur Vertuschung der eher unerfreulichen Wahrheit zum eigenen Vorteil. Früher nannte man dies Lüge, heutzutage wohl Fake News.

Eines schönen Morgens nähere ich mich verschlafen meiner Haus-, Hof- und Nierenbäckerei. Vor der Tür: ein Stau aus Buggys. Darin: Quengelnde Insassen, die ungeduldig ihre Chauffeure herbeisehnen. Diese gehen gerade ihrem Zweitjob als Dienstboten nach und besorgen Backwerk für die Kleinen. Ich benutze ausnahmsweise mal die Rettungsgasse, schlängele mich elfengleich in den Laden und stehe nun neben einer solchen Erfüllungsgehilfin – im Volksmund auch Mutter genannt – und lausche ihrer Bestellung: »Eine Brezel, bitte«, sagt sie zur Verkäuferin. Laut und deutlich: »Eine Brezel, bitte.«

Sie erhält das Gewünschte, bezahlt und erreicht wohlbehalten ihren Kinderwagen, wo sie stolz ihre Beute präsentiert.

»Schau mal«, höre ich sie zu ihrer Tochter sagen, »ich habe dir eine Brezel gekauft.«

Die Empfängerin entpuppt sich als Kind der wenigen Worte und verkürzt die eigentliche Antwort »Liebe Mama, Brezeln sind echt toll. Vielen Dank fürs Kaufen, aber im Augenblick habe ich eher Lust auf ein leckeres Rosinenbrötchen.« auf das Wesentliche: »Moninennödchen.«

Etwas überrascht ob des ausgebliebenen freudigen Glucksens, fühlt sich die Mama zu einer Nachfrage gedrängt: »Das habe ich nicht verstanden. Was möchtest du haben?«

Geduldig, diesmal aber doch etwas bestimmter, wiederholt

die Prinzessin im Kinderwagen: »Rominenmödchen.« Die Mama schaut auf ihre Brezel, überlegt kurz und tritt ihrem erzieherischen Gewissen mit Karacho in den Allerwertesten.

»Ach, du wolltest ein Rosinenbrötchen?«, sagt sie zu ihrer Tochter und lügt ihr dann ohne rot zu werden mitten ins Gesicht: »Tut mir leid, mein Schatz, die waren leider aus.«

Ich denke kurz darüber nach, dem »Schatz« konspirativ die Wahrheit über fein angerichtete Rosinenbrötchen in der Auslage zu stecken, entscheide mich aber doch für den Gang nach Hause. Ich muss da ja noch irgendwie erklären, dass ich die Roggen-Brötchen vergessen habe zu kaufen. Ach, stimmt ja, es gab ja gar keine mehr.

Parklücken-Piaffe

Eine Erzählung vom besten Freund des Menschen.

Das Rentnerdasein muss etwas Herrliches sein. Auf dem Balkon stehen, die Sonne auf den ermüdeten Rücken scheinen lassen, dazu ein altersgerechtes Getränk und natürlich: mit verschränkten Armen am Geländer lehnen und Leute beobachten. Nun begab ich mich also jüngst auf die Reise in mein späteres Ich und beobachtete.

Da sah ich einen schwarzen Mittelklassewagen deutscher Herkunft um die Ecke biegen. Schnell wurde klar, dass diesem Gefährt eine harte, aber definitiv nicht notwendige Prüfung bevorsteht. Denn die Parklücke, in die es gezwängt werden sollte, war ungefähr so groß wie das Saarland, nun ja, sie enthielt allemal Platz für vier Traktoren. Es entwickelte sich ein langer und zäher Vorgang. Vor, zurück, vor, zurück, nach rechts, nach hinten, seitwärts, Drehung, Doppelaxel, Piaffe, Toeloop, drin.

Als der Wagen schlussendlich die endgültige Parkposition erreicht hatte, entstieg ihm eine mittelalte Frau, sichtlich erleichtert ob ihrer Heldentat. Sie sortierte sich, öffnete die hintere Tür und heraus kam: Lassie! Zumindest eine Urgroßnichte von Timmys eierlegender Wollmilchhündin. Der Langhaarcollie hatte noch nicht alle vier Pfoten auf dem Asphalt, als sich mir die Frage aufdrängte: Warum um alles in der Welt hat die Hündin den Wagen nicht eingeparkt?!

Dann führte Hundchen Frauchen nach Hause.

PC wie Politische Korrektheit

Dies ist eine Geschichte über *Politische Korrektheit* oder *political correctness*, kurz PC.

Es ist ja so: Wer heutzutage seinen Kindern einen »Negerkuss« oder »Mohrenkopf« gibt, bekommt es mit dem Jugendamt zu tun, wer statt »Inuit« »Eskimo« sagt, dem wird die Bundesbehörde für feinfühligere Terminologie auf den Hals gehetzt, wer die weibliche Form vernachlässigt, hat eine Armee an GleichstellungsbeauftragtenInnen am Arsch und wer »schwer erziehbare« Kinder heutzutage nicht »verhaltensoriginell« nennt, dem macht das GrundschullehrerInnen-Geschwader das Leben zur Hölle.

All das habe ich in den letzten Jahren mühevoll gelernt und verinnerlicht. Stets passe ich auf, dass mir solche Entgleisungen nicht passieren. Vor allem nicht in der Nähe von Studierenden (vormals *Studenten*), facility managern (vormals *Hausmeister*), vertikal Herausgeforderten (vormals *Kleinwüchsige*) oder chemisch Unpässlichen (vormals *Besoffene*).

Tja, und dann kommt er um die Ecke und legt mein PC-Gebäude mit einem einzigen Satz in Schutt und Asche, indem er seinen vorauseilenden Kumpanen hinterhergallt: »Ei, könnt Ihr vielleischd emol uff misch wadde, Ihr Zigeuner?!«

Hätte dieser Mann nicht sagen müssen: »Könnt Ihr vielleischd emol uff misch wadde, Ihr Sinti und Roma?« oder zumindest »Ihr Menschen nach Balkan-Art?«

Ich bin verwirrt.

Rauchpause

Raucher sind einfach die Besten! Zumindest wenn es um die Rechtfertigung ihrer Sucht geht.

Bei einer mutwillig herbeigeführten Verkürzung meines Lebens fällt mein Blick auf eine mittelalte Frau, die angestrengt, aber doch genüsslich ein Zigarettchen dampft. Ihre Haare wehen im Wind, eine Umhängetasche flankiert ihre Hüften, die runde Brille glitzert in der Sonne – ein stimmiges Bild.

Nachdem sie die Zigarette aufgeraucht hat, hustet sie kurz, lässt sich auf einen Stuhl plumpsen und verharrt regungslos. Eine Minute später zücke ich meinen Ausweis, um wieder an meinen Arbeitsplatz zurückkehren zu können. Wie ein aufgeschrecktes Reh verlässt sie ihre Lethargie und offenbart mir ihr Schicksal: Sie sei verloren gegangen, von der Herde getrennt und nun ganz allein und einsam.

»Können Sie mich bitte mit hineinnehmen?«, fleht sie und erklärt: »Meine Kollegen von der Führungsgruppe sind gleich um die Ecke.«

Angetan von so viel Pech, bin ich zu spontaner Hilfe bereit und schicke sie in die Personenvereinzelungsanlage. Beim Gang in die Sicherheitsdrehtür verrät sie mir dann den wahren Grund ihres Alleingangs: »Ich habe nur etwas Sauerstoff gebraucht!«

Aha, Sauerstoff also. Gut, in der heutigen Zeit muss man sich als Raucher halt was einfallen lassen – und wenn's auch einfach mal das vermeintliche Gegenteil ist.

Obwohl: Zum Rauch-Vorgang benötigt man ihn ja, den Sauerstoff.

Rechtsanwalt a. D.

Im Namen des Volkes ergeht folgende Erzählung:

Wer beim Großeinkauf seltsame Menschen und deren Gebaren beobachtet und/oder ihnen absichtlich und in vollem Bewusstsein folgt und/oder ihnen vorsätzlich bei der Verbreitung ihrer Weisheiten zuhört, wird mit nicht weniger als einer Begegnung mit dem Leben der anderen bestraft.

Meine Observierung galt – wie sich später herausstellte – einem Rechtsanwalt a. D., außer Dienst also, bei ihm aber wohl eher apokalyptischer Daherredner*, außergewöhnlicher Dösbaddel oder eben absoluter Dabbes. Er ließ sich Folgendes zuschulden kommen: Unverschämtheit, Herrschsucht und Rechthaberei.

Mit den Worten »Alter vor Schönheit« gewährte er einer deutlich jüngeren Dame Einkaufswagen-Vorfahrt, mit den Worten »Bleib emol stehe, Herzje« buhlte er um die Gunst einer Marktfrau und mit den Worten »Ich bin Rechtsanwalt, Recht zu habbe is mein Beruf!«, besiegelte er die Wahrhaftigkeit seiner Meinung. Nachstellung also berechtigt.

Von wegen: Sein ausgebufftes Schlussplädoyer brachte die Wende: Mit den Worten »Ich schließe Sie in mein Abendgebet ein«, wandte er sich an meine persönliche Einkaufsbetreuerin und fügte – während sein Blick in meine Richtung schweifte – an: »Sie haben es wohl auch nötig.«

Einspruch zwecklos, Verhandlung geschlossen.

Rhein-Main-Derby

Als Normalsterblicher fährt man in Mainz zu einem Fußball-spiel mit dem Bus. So auch beim affig hochstilisierten Rhein-Main-Derby zwischen dem hiesigen Sportverein und der Sportgemeinde aus Frankfurt.

Nach dem Polizeieinsatzfahrzeug-Slalom am bürgerkriegs-zustandähnlichen Bahnhofsvorplatz steigt man also in die Li-nie E mit Ziel außerhalb. Am Steuer des Shuttle-Fahrzeugs (sprich: Schaddl-Fahrzeug) sitzt ein freundlich lächelnder Mann. Sein ausgiebiges Schmunzeln wird von den zumeist in Rot und Weiß gekleideten Passagieren mit Sprüchen wie »Des kann ja nix wern!«, »Hoffentlich komme mer sischä an!«, »Mit dem fahrn mer nit hoch!« oder »Des derf nit wahr seu!« kommentiert.

Kühl, seelenruhig und mit vermeintlich diebischer Freude nimmt der gute Mann die Worte entgegen, rückt sich genüss-lich seinen Eintracht-Schal zurecht und schließt die Türen. Eine Minute später dann sein Konter: »Nächster Halt: Com-merzbank-Arena, Frankfurt!« 1:0 für ihn.

Der Ausgleich fiel dann später.

Rischdisch*

Tag der Himmelfahrt Christi, Tag des Vaters, Tag der drolligen Geschichten.

Sechs Typen, zwei Weinschorlen und vier Bier sitzen gemeinsam an einem Tisch. Ein eher spontanes, dafür aber umso herzlicheres Treffen. Nur das Äußere der Typen will sich nicht so recht einfügen in das bemüht gediegen wirkende Ambiente des angesteuerten Etablissements am großen Fluss: Touristensonnenschlapphüte sind zwar ein Klassiker, lassen einen aber doch ein bisschen dämlich aussehen. Wohl aber auch irgendwie amerikanisch. Denn als einer der Zwölf – in dem Fall ein Typ – sich ins Innere der Lokalität aufmachte, um sich mit den Folgen des spontanen Treffens zwischen wenig Mensch und viel Getränk zu beschäftigen, passierte ihm Nachstehendes.

Um die Suche nach der Rappelbox* zu verkürzen, stellte er einem offensichtlich Ortskundigen diese nicht wirklich ungewöhnliche Frage: »Wo befinden sich denn bitte die Toiletten?« Der so Befragte fragte höflich, aber doch etwas überraschend zurück: »German or English?« Einem kurzen Moment der Irritation ließ der Beschlapphutete* einen ziemlich lichten folgen und sagte: »In English, *s'il vous plaît*.«

Als das Sprachgenie dann vom beschriebenen »upstairs on the left-hand side« an den Tisch zurückgekehrt, die Geschichte erzählt und das große Amüsement verklungen war, begann die illustre Gesellschaft mit der ausgiebigen Analyse der Situation. Welchen Sinn hat die Deutsch/Englisch-Frage als Replik auf die in Deutsch gestellte Frage nach den Toiletten? Zwei Weinschorlen und vier Bier später standen die Ergebnisse fest. Das geschmeidige Auftreten und das weltoffene Aussehen unseres Kumpans haben den Kellner einerseits zu seiner international gehaltenen Nachfrage veranlasst. Andererseits, aber das war nur eine sehr vage Theorie, besitzt das Lokal eine deutsche und eine englische Örtlichkeit. Bestätigt ist diese These aber noch nicht.

Am Ende hatte sich der freundliche Fragesteller auch nur von der formschonen »Las Vegas«-Schlapphutbeflockung leiten lassen und nicht auf den weitaus besseren Hinweis auf die sprachliche Herkunft des feiernden Vaters geachtet. Denn auf dem Hoodie, altdeutsch Kapuzenpullover, stand in dreifach so großen Buchstaben: RISCHDISCH.

Richtig, einfach nur: R-I-S-C-H-D-I-S-C-H.

Schlangengespräche

Teil 1: Hoffnung

In einer Schlange stehen, heißt tolle Dinge erleben. So auch unlängst.

Drei Jugendliche – ein Junge und zwei Mädchen – unterhalten sich in Hörweite. Sagt der Junge mit lässigem Unterton zu seinen Begleiterinnen: »Hey, kommt, wir gehen Bahnhof!« Beide Mädchen schauen, eines antwortet: »Ja, lass uns Bahnhof gehen.« Schon im Weggehen ergänzt das andere Mädchen: »O. k., wir gehen, aber Euer Deutsch ist echt unter aller Sau!«

Es gibt also noch Hoffnung.

Teil 2: Knapp daneben

Dieses Schlangengespräch wurde in dieser Form während einer Fußball-Weltmeisterschaft geführt und mir in Originalton zugetragen.

Zur Einordnung beginnt die Erzählung ausnahmsweise mal mit einer Frage: Warum wird eigentlich nie eine afrikanische Mannschaft Fußball-Weltmeister?

Hierfür mag es viele Gründe geben: korrupte Funktionäre, strukturelle Probleme, ungesunde Hierarchien, innerbetriebliche Streitigkeiten, falsche Fokussierung, haarsträubende Fehler, falsche Prioritäten oder einfach nur kolossales Pech – der Sachverhalt ist komplex und die Suche nach einer allgemeingültigen Antwort langwierig und mit ein wenig Hirnschmalz-Bewegung verbunden.

Oder aber man stellt sich in eine Schlange vor der Kaffeebar und lauscht einer Theorie, die auf dem Weg von ihrer

Entstehung bis hin zu ihrer Artikulation wohl ziemlich freie Fahrt hatte.

So sprach also die rotblonde Menopäuslerin* zu ihrer rotbraunen Kollegin: »Die Franzose, die sinn gar net so stakk. Als die gesche Ghana – neeee, Nigeria gespielt habbe – also als die gesche Afrika gespielt habbe, da war'n die net gut. Aber wie die Neger halt so sinn, in de letzte Minut habbe se sisch die Torn dann gefange.« Etwas verwirrt kontert Rotbraun diese leidenschaftlich vorgetragene Aussage: »Du, des kannsde doch so net sage.« Von wegen. Rotblond kann und legt noch engagierter los: »Ei doch, die Neger sinn so, die habbe kää Dorschhaltevermöge!« Worauf Rotbraun präzisiert: »Nein, du kannst doch net N-e-e-e-g-e-r sage!«

Ach was. Abpfiff. Bitte jetzt.

Schokoladenseite

Deutschland, deine Sprichwörter.

Da sitzt man also mit einer Nicht-Deutschin* gemütlich auf dem Sofa und schaut die Sportschau. Geht nicht? Doch, prima sogar, da sich ihre fußballerische Fachkompetenz auf ordentlichem Regionalliga-Level bewegt und ihre deutschsprachlichen Fertigkeiten dem fußballerischen Niveau einer Spitzenmannschaft in Höchstform entsprechen.

Umso überraschender ist dann folgende Situation: Einen Spielzug über links beschreibt der Kommentator als einen »Angriff über die Schokoladenseite«. Die Worte sind kaum verhallt, da schießt es – ebenfalls über links – in mein Ohr: »Waaas?! Was hat der eben gesagt?! Das ist aber nicht wirklich politisch korrekt«, brüskiert sie sich. »Das hätte ich im öffentlich-rechtlichen Fernsehen aber so nicht erwartet!«

Aufgeschreckt und etwas irritiert ob ihrer tadelnden Äußerungen, schafft die zweite Zeitlupe Klarheit. Der Angriff wurde von einem dunkelhäutigen Brasilianer und einem Franzosen guineischer Herkunft eingeleitet – der Sahneseite eben.

Nun gut, auch Gerd Müller hat ab und an mal neben das Tor geschossen.

Selfie

Eine kurze Anekdote für zwischendurch. Ich erzähle diese, weil sie mir von jemandem erzählt wurde, dem sie erzählt wurde. Und sie ist so bezeichnend und könnte jedem jederzeit passieren und ist wohl auch schon jedem passiert.

Da kommt also der Erleber* an einem Pärchen vorbei. Da sagt das Mädchen doch tatsächlich zu ihrem Freund: »Hey, mach mal schnell ein Selfie von mir!«

Ende.

Septembersonne

Lange hatte ich ja an deren Existenz gezweifelt. Bis zu jenem lauschigen Septemberabend am großen Fluss, als sich ein Prachtexemplar dieser Subkultur in all seiner avantgardistischen Extravaganz neben mich auf die Steintreppe setzte, falsch, sich neben mir auf einem Longboard niederließ. Von da an wusste ich, es gibt sie wirklich. Denn es war: ein Hipster!

Dieses Wesen konkretisierte eindrucksvoll meine damals nur recht vagen Vorstellungen dieser menschlichen Spezies: Röhrenjeans, Converse-Turnschuhe, Sidecut, rote Brille und ein wilder Bart, in dem sich mutmaßlich noch Reste von Kimchi, Hummus und Clubmate tummelten. Als dann seine Kinder Kate und Faith (!), lustlos ihre Longboards vor sich herkickend, angeschlurft kamen, war es um mich geschehen. Ich lauschte aufmerksam.

Papas Vorschlag, sich doch an den »letzten Strahlen der Abendsonne« zu erfreuen, kam bei Kate und Faith (!) nicht wirklich gut an. Erst ein Smartphone ließ die Kids die Banalität der Septembersonne genießen. Während also Faith (!) virtuelle Bananen sammelte, leerte Kate eine halbe Flasche Wasser. Noch bevor Faith (!) 70 Bananen für den nächsten Level sammeln konnte, hatte Kates Blase diesen bereits erreicht – 1:0 fürs Pinkeln und Zeit zum

Gehen. Und so verschwanden Daddy, Kate und Faith (!) Long-board-schwingend am Hipster-Horizont. Fasziniert widmete ich mich wieder den letzten Strahlen der Abendsonne und der Frage: Heißen Hipster-Kinder eigentlich Kidster*?

Thai-Trilogie

Teil 1: Nur was in Karte

Beim Thailänder zu essen ist herrlich. Leckere Gerichte, süffige Cocktails und zierliche Menschen mit goldigem Akzent. Das Erste: Standard. Das Zweite: ebenso. Das Dritte: voller Überraschungen. Und diese werden stets auf nüchternen Magen serviert. So auch vor ein paar Jahren, als es noch kein Facebook gab, Steffi Graf noch Tennis spielte und man am Tisch noch rauchen durfte.

Da kam nun also so eine zerbrechliche Person an den Tisch und fragte wissbegierig nach unseren Wünschen, die wir nach ausgiebigem Studium der Karte ebenso hungrig wie bereitwillig äußerten. Wir hielten uns also vorschriftsmäßig an unseren Teil der Abmachung, sie allerdings schluderte ein wenig bei der Aufnahme der Bestellung.

Nach mehrmaliger Wiederholung eines bestimmten Zahlencodes – einmal die 402, die 4 für 2, die 57, die 89 und ein kleines Pils – bat ich noch um einen Aschenbecher. Ihren abermals verstörten Blick deutete ich goldrichtig als Ratlosigkeit und erneuerte etwas weniger nuschelnd mein Begehren: »Bitte einen Aschenbecher noch.« Und ihre Antwort war so liebreizend, dass ich sie am liebsten in den Arm genommen hätte: »Nur was in Karte«, hauchte sie mir sanft entgegen und zog von dannen.

Widdaseehn un vieln Daaank. Ich liebe es.

Teil 2: Zoten-Marathon

Es ist ja so: Witze über Thai-Massagen sind mittlerweile alle gemacht. Leider nur in der grauen Theorie. Die Praxis lässt den Weg zur Fußmassage dann doch zu einem wilden Zoten-Marathon ausarten. Schritt für Schritt bahnt sich ein übler Kracher nach dem nächsten seinen Weg. »Mit oder ohne Happy End?« und »Schaum, Gel oder Öl?« oder »Mit welchem Körperteil wird massiert?« – so richtig niveaulose Knaller eben.

Blitzartig entschwinden diese schlechten Gedanken beim Betreten der guten Stube: gedämpftes Licht, beruhigende Musik, plätschernde Kaskaden, Teegeruch – die erste Einheit Entspannung macht sich breit. Wenig später lasse ich mich mit dem thailändischen Strampler am Leib im angerichteten Liegestuhl nieder und schalte erwartungsfroh in den Gemüsemodus.

Und dann das: Ein zierliches Wesen kommt zu meinem temporären Wohlfühl-Domizil gehuscht und flüstert sanft: »Sie müssen ein bisschen lutschen!« – »Mist«, denke ich, »doch in die Falle getappt! Was mache ich denn jetzt?!« Gedanken rasen durch meinen Kopf, binnen Sekunden werden Fluchtpläne geschmiedet, höfliche Absagen gedanklich ausformuliert – und dann, ja dann tatsächlich auch mal nachgedacht und die klischeebehaftete, in diesem Falle aber wirklich existente R/L-Schwäche meiner Gegenüberin* realisiert.

Die zweite Einheit Entspannung durchfließt meinen Körper, dem ich hernach den einfachen Befehl gebe, ein bisschen höher zu rutschen. Die dritte Einheit Entspannung ist dann einfach nur noch für die Füße.

Teil 3: Na oder Ta?

Nur noch schnell ein kleiner Nachschlag zum Thema Thaimassage. Er handelt von einem recht seltsamen Dialog, dem ich als amüsierter Zuhörer beiwohnen durfte.

Die Massagen-Involvierte (kurz MI) wollte, nachdem sie ihre Einheit Entspannung in einem Zelt nackig auf einem Klappstuhl über einem dampfenden Kochtopf verbracht hatte, ihre Wohltäterin zusätzlich entlohnen. Dafür standen auf der Begrüßungstheke kleine und nicht dampfende Töpfchen bereit. Darauf: die Namen der Masseurinnen. Tolle Namen wie Juna, Na, Ta, Nori, Teh. Soweit zum Bühnenbild. Der Napf-Dialog erfüllte dieses dann mit Leben.

Und so hörte sich das an:

»Wer hat mich massiert?«

»Die Na.«

»Die Ta?«

»Nein, nicht die Ta, die Na.«

»Ach da, die Na.«

»Ja.«

»Aha.«

La gòn kráb – auf Wiedersehen.

Trugschluss im Niemandsland

Dies ist eine kleine, aber feine Geschichte aus der musikalischen Hochkultur – mit Trugschluss und mir als Depp.

Aber der Reihe nach: Klassische Musik, Jacketts, Pauken und Trompeten – Mehrzweckhalle im Niemandsland. Eine Stunde lang fidelt, celliert* und horniert* ein Philharmonie-Orchester stilvoll bekannte Film-Klassiker. Von *Miss Marple* über *Ladykillers* bis hin zu *Jurassic Park*.

In der Pause steht man dann vor der praktischen Multifunktionshalle und pfeift sich ein wenig Blausäure, Benzol und 11.998 weitere Zusatzstoffe in die Lunge – und lauscht einem Gespräch zweier älterer, distinguierter Damen.

»Ei, die letzten drei waren ja nix!«, poltert die Kraushaarige mit dem feuerroten Lippenstift.

Im Schnelldurchlauf lässt man die großartig intonierten Werke vor dem geistigen Ohr noch einmal vorüberziehen und stellt fest: allesamt Themen aus Filmen von Steven Spielberg, dem Regisseur also.

Verwundert über solch harsche Kritik, wächst die Neugierde auf die Begründung dieser kühnen Behauptung. Und sie kommt prompt. So nörgelt also die Krauslige* weiter: »Alle vom selben Komponisten!«

Paff – wie wunderschön! Steven Spielberg komponiert jetzt also auch, denke ich, dieser Tausendsassa. Das muss ich mir unbedingt merken!

Nun ja, hätte ich nur mal einen Paukenschlag lang nachgedacht. Denn der Hinweis eines weisen Mannes, der das Fachwissen der meckernden Kanaillen bestätigt, lässt mich höchst selbst als Hannebambl* dastehen. Denn nicht Steven Spielberg heißt der Komponist, sondern John Williams. John Williams.

Selbst vor der Mehrzweckhalle im Niemandsland lernt man noch etwas dazu.

Abspann.

Wartezimmer-Inferno

Menschen sind ja schon irgendwie komisch; Wartezimmer noch viel mehr. Und das Zusammenspiel dieser beiden Komponenten ist dann noch komischer, aber ganz und gar nicht zum Lachen.

Hhmmmkrrrmm, macht die etwa 78-jährige Dame zwei Plätze neben mir und übertönt dabei einen permanent dröhnenden Honeywell-Turmventilator.

Hhmmmkrrrmm, erschallt es durch den Raum. Ui, denke ich, das ist aber ein lästiger Frosch, der da in ihrem Rachen steckt. Schnell wird klar, dass sich in diesem zierlichen Hals noch weitere sieben Frösche, drei Unken und acht Kröten tummeln und diesen wohligen Ort auch so schnell nicht verlassen wollen. Hhmmmkrrrmm.

Ich lasse den Blick schweifen, um mich ein wenig abzulenken, und entdecke ein Männlein. Einenmeterachtundfünfzig in Neon-Gelb. Putzig, denke ich und blicke zur Tür, da sich dort Großes ankündigt. Pünktlich zum nächsten Hhmmmkrrrmm betritt ein kleiner Sonnenschein den Raum. Kevin-Kuranyi-T-Shirt (slim fit), mottogetreue Figur und eine umwerfende Aura, von der ich bald mehr als genug bekomme, da sich das Geschöpf neben mich plumpsen lässt.

Hhmmmkrrrmm, dröhnt es in meinen Ohren, dieses Mal allerdings durch ein intensives Ameisen-/Buttersäure-Gemisch, das mir schier den Atem raubt. Während ich darüber nachdenke, welch feine Ironie in der T-Shirt-Beflockung »Axe« steckt, beginnt Kevina quer über mich eine Unterhaltung mit dem Neon-Prince*, der wohl ihr Prinz ist. Meine Gebete, der

Albtraum möge bald vorbei sein, verhallen im Geräusche-Inferno der Frosch-Lady und dem Honeywell-Turm.

Als Meister Neon aufgerufen wird, fühle ich mich allein und schutzlos. An dieser Stelle setzt in Horror-Filmen gewöhnlich unheilvolle Musik ein. Dann ist es tatsächlich soweit: »Des isn Weddä, gä?«, brummt die Schweiß-Kugel in meine Richtung.

Ich überwinde meinen Fluchtreflex und sage: »Hm.«

Sie lässt ihr Smartphone-Tic-Tac-Toe kurz ruhen und präzisiert: »Einmal isses warm und dann regnet's glei widdä, gä?«

Schlagartig gehen mir die Argumente aus und ich verhalte mich verbal eher zurückhaltend. Sie brabbelt noch ein wenig vor sich hin und sagt dann: »Isch geh' zu kei'm Azzt mä!«

Ich nicke und denke: Hätte sie sich nicht einen Tag früher zu diesem Schritt durchringen können?

Bald darauf darf ich einen Raum weiter in die nächste Warteposition. Ich setze mich, atme tief ein und fühle mich irgendwie befreit.

Hhmmmkrrrmm, krächzt es von links, Hhmmmkrrrmm.

White Zombie

Hauptbahnhof, Gleis drei, die Sonne brennt.

Wie aus dem Nichts erscheint ein seltsames Wesen am Bahnsteig. Es schlurft beachtlich geistesabwesend über den Untergrund, aus dem es just entstiegen zu sein scheint: kreidebleich, schlechte Haut, die Augen zu Schlitzen zusammengepresst. Als es mich passiert, wird mein Geruchssinn auf eine harte Probe gestellt. Jede Pore dieses jungen, aber klapprigen Körpers scheint einen schlechten Tag zu haben. Eine gar unappetitliche Wolke – eine Prise Ziegenbock, eine Nuance Schweiß und eine gehörige Portion Gummistiefel – wabert ungebremst in meine Nase und feiert dort ein wenig Kirmes. Verwesung, kommt es mir sofort in den Sinn, so muss Verwesung riechen. Etwas benommen erblicke ich des Wesens T-Shirt, auf dem des Rätsels Lösung geschrieben steht. Dort prangt in kunstvoll verzierten Lettern: White Zombie.

Und dann fährt die S-Bahn ein.

Zalando-Blues

Es passiert auch anderen. Und das Gute ist: Sie berichten mir davon und ich darf es weitergeben.

Auf dem Weg zum Supermarkt ihres Misstrauens wird die Erzählerin dieses Erlebnisses Zeugin eines Vorgangs, dessen Ablauf an die Arbeit eines gewieften Marketing-Strategen erinnert. Film ab!

Ein Studentenmädchen steht erwartungsfroh, aber doch recht angestrengt vor der verschlossenen Haustür eines Mehrfamilienhauses. Sie wird ziemlich offensiv von drei kausal zusammenhängenden Problemen gepiesackt: Tür zu, Schlüssel schwer zugänglich, Zalando-Päckchen überdurchschnittlich groß. Auch die beherzte Suche nach der dritten Hand endet erfolglos. Noch bevor sie sich aufmacht, ihren kostbaren Schatz für einen Augenblick von sich zu legen, scheint ihr Retter auf – in Form eines 80-jährigen Greises, der ihr den ersehnten Eintritt ermöglicht.

Die Beladene schlüpft also durch die nun geöffnete Pforte ins Gebäude, schenkt dem bekrückstockten* Graukopf ein Lächeln und schickt sich an, den Tatort zu verlassen. Da blickt das vom Leben gezeichnete Hutzelmännchen die Zalandeuse* an und sagt mit einem verschmitzten Unterton: »Abä nuä, wenn isch jetzt emal laut schreie derf!«

Cut! Szene im Kasten. Verkauft sich – auch außerhalb der werberelevanten Zielgruppe.

Zur Weile mit Eile

Biergartenbesuche an einem lauen Sommerabend sind etwas Tolles. Die Seele baumelt, der Geist ruht, die Leber arbeitet. Herrlich.

Wären da nicht diese penetranten, nervigen Biester mit ihrer hektischen, Unruhe stiftenden Art. Jene Plagegeister, die in solchen genussvollen Momenten den Müßiggang leichtfertig zerstören und unbeschwerte Völlerei gewissenlos behindern. Die Rede ist von der tag- und nachtaktiven Spezies aus der Unterordnung der Trockennasenprimaten, die zumeist bei Dämmerung einzeln oder im Rudel ihr Nest verlässt und gemeinsam mit Wespen und Stechmücken das Einzugsgebiet des Biergartens umschwirrt.

Es sind: Jogger!

Funktionskleidung tragende, an der roten Ampel auf der Stelle hopsende Jogger, deren Aktionismus im harschen Gegensatz zu meiner Gesinnung nach reichlich Nahrung und Getränken steht und deren überwiegend geschmeidigen Körper das Gewissen auf eine harte Probe stellen.

Jogger!

Unlängst begegnete ich jedoch einem solch gestresst wirkenden Exemplar, dessen Auftritt mich zutiefst beeindruckte und an den Rand spontaner Ekstase brachte. Denn dieses Männchen zeigte motorisch zwar dieselbe artentypische Eigenschaft – es joggte – wies auch die für die Spezies so charakteristischen Merkmale – Ohrstöpsel, Turnschuhe, rote Wangen – auf. Doch im Gegensatz zu seinen oft ziellos umherschwirrenden Artgenossen, verfolgte es einen ganz bestimmten Plan, dessen Bestimmung an den mitgeführten Accessoires deutlich zu erkennen war.

In der linken Hand umklammerte es zwei Döner, mit der rechten transportierte es einen Sixpack Bier. Flink, zielstrebig, beeindruckend. Spontan bestellte ich mir ein weiteres Getränk und ließ die Gabel fortan noch einen Hauch genussvoller ins Schnitzel gleiten.

Begegnungen in
öffentlichen Verkehrsmitteln

Bahnhofs-Fee

Das Leben an sich ist ja schon irgendwie pfiffig. Da werkelt es so vor sich hin, macht nur das Nötigste und plötzlich haut es dir einen um die Ohren, dass Selbige gar nicht mehr aufhören wollen zu schlackern.

Da lief ich also an einem lauen Sommerabend im Juli zum Bahnhof meines Heimatdorfes. Als ich diesen fast erreicht hatte, vernahm ich eine Durchsage, deren Inhalt mir verborgen blieb, an deren potenziellen Konsequenzen ich aber durchaus interessiert war.

Am Bahnsteig erblickte ich eine Person, die Rettung versprach. Ich hob an: »Entschuldigung, was haben die eben durchgesagt?«

Die junge Frau blickte mich achselzuckend an und entgegnete: »Sorry, I don't understand. Please speak English.«

Ich tat wie mir geheißen und rief: »What did they say?«

Für mich zu diesem Zeitpunkt etwas überraschend, für den Rest der Weltbevölkerung wohl ziemlich erwartbar, antwortete sie: »Ähm, I don't know. It was in German?!«

Als ich die Situation mit meinem Hirn besprochen und geklärt hatte, stand ich bereits am Bahnsteig vor dem Fahrkartenautomaten. Einmal in Fahrt gekommen, gab mir mein aus der kreativen Pause aufgewachter Denkapparat den Hinweis, dass der Fahrscheinkauf an einem Fahrkartenautomaten, der keinen Hunger auf einen 20-Euro-Schein hat, zum Problem werden kann. Ob nun mein verzweifeltes Grunzen oder meine zuvor zur Schau gestellte Unbedarftheit die Englisch sprechende Fee dazu veranlasste, mir einen Fünf-Euro-Schein zu überreichen, lässt sich im Nachhinein schlecht beurteilen. Belegt ist: Sie konterte meine Andeutung daraufhin, dass sich die Rückgabe bis auf unbestimmte Zeit verzögern könnte, mit den faszinierenden Worten: »Hey, no problem, just five Euros. Keep it.«

Nachdem ich im Zug als stolzer Fahrkarten-Inhaber eine menschliche Wechselstube gefunden und meine großzügige Kurzzeit-Gläubigerin ausbezahlt hatte, klopfte ich meinem Hirn auf die Schulter und gab mich aktiv großer Zufriedenheit hin.

Randnotiz
Diese hirnrissige Meisterleistung dauerte ungefähr 20 Minuten. Um deren absurde Skurrilität besser nachvollziehen zu können, bedurfte es einer genaueren Betrachtung. Ich notierte also das Geschehen minutiös, um es später zu analysieren, zu verstehen und mich noch einmal dafür zu schämen.

Die Aufzeichnungen dazu finden sich im Anhang wieder.

Bus-Trilogie

Teil 1: Die Kurzstrecken-Situation

Streik gerät ja nie wirklich aus der Mode! Unlängst denkt sich also mein Auto, vintage wie es ist: »Cool, mache ich mit, bin ich voll hip!« und schickt mich bis über beide Bremsbacken grinsend zwei Wochen lang ins Bus-Business; in eine 14 Tage währende Erlebnisreise mit dem schon länger vermuteten, nun auch empirisch bewiesenen Ergebnis: Menschen sind in all ihrer Vielzahl und Ausprägung komisch, nun ja, sagen wir: authentisch. Da gibt es den Mittelgangsurfer, die Schnatterdamen, die Engländer, den Krakeeljungen, das Püppchen, den Doppelsitzer, die Brülläffin, das Monchichi, den Motzrentner und nicht zuletzt den Kaugummifred*.

Wer jetzt gedacht hat, ich erzähle von miesepetrigen, finster dreinblickenden, Kröten fressenden Busfahrern, der hat völlig Recht. Nun denn: Da sitze ich auf dem Premiumplatz rechts vorne, als zwei von der Last ihrer Ranzen gebeutelte Grundschülerchen im Gänsemarsch den Bus betreten. Der Junge trägt tapfer sein Anliegen vor: »Bitte einmal Kurzstrecke.«

Er erntet ein grummeliges »Hmpf«, erhält sein Ticket und hoppelt nach hinten. Nun äußert das Mädchen hauchzart ihren Wunsch nach »einmal Kurzstrecke bitte«.

Dieser in einem Bus nicht selten ausgesprochene Satz scheint die Geduld des Busfahrers aber drastisch zu übersteigen. Seine Gemütslage ändert sich von »Hmpf« zu »Grrrrrr«. Schnaubend blafft er das kleine Ding an: »Hättet Ihr net zusammen bezahlen können?!«

Ähm, nein.

Teil 2: Die Frohnatur

In Teil zwei meines 14-tägigen Intensivkurses zum Thema menschliche Authentizität in Bussen möchte ich eine Lanze für die von mir zuvor gescholtene Busfahrer-Zunft brechen. Denn ich hatte das Vergnügen mit ihr, der Frohnatur.

Da der Tarif-Streit mit meinem Auto damals noch nicht beendet ist, beginnt auch dieser Arbeitstag an der Bushaltestelle. Es ist Mittwoch, 7:23 Uhr, die schlechte Laune sitzt.

Als gerade das Kleingeld in die Rückgabe-Schale an der Personenvereinzelungsanlage rasselt – es ist 7:28 Uhr – lächelt sie mich das erste Mal an. Um 7:33 Uhr, am Bahnhof, zaubert sie mir das erste Lächeln des Tages ins Gesicht mit den ins Mikrofon geflöteten Worten: »Wenn die Herrschaften im hinteren Bereich so großzügig wären, den Eingangsbereich freizumachen, wären wir nun auch in der Lage loszufahren.« (Freundlich für das allgemein bekannte »Macht die Tür hinne frei!«) Die so Gescholtenen gehorchen, die Fahrt wird fortgesetzt.

Einer laut erzählten Anekdote über eine »Schläscherei um de Klappsitz« folgt der Höhepunkt der Reise. Kurz vor dem Ziel greift sie zum Mikro und hebt an: »So, ihr Leut'. Soll isch Eusch emol uffmundern?« Erwartungsfrohes Murmeln durchzieht den Bus. »Wisst Ihr, was glei is'?«

Stille.

»Isch hab glei' Feierabend und Ihr nit. Aber isch kann Eusch sache: Euer Feierabend kommt bestimmt! Halt später.«

Bezaubernd.

Es ist Mittwoch, 7:44 Uhr, die Sonne scheint.

Teil 3: Der Titelsong zur Trilogie

Dass eine Seefahrt lustig und schön ist, dürfte ja aufgrund der alten Volksweise allgemein bekannt sein. Wer dieses kleine Liedchen kennt, weiß ja dann auch, dass die Matrosen auf dieser Seefahrt extrem faul, ständig besoffen und über die Maßen vorlaut sind, sich gerne mal – unter dem Kommando eines herrischen Kapitäns – mit Karacho auf die Fresse hauen, von einem superfetten Koch mit verschimmeltem Essen versorgt werden und von nervigen Möwen permanent aufs Deck geschissen bekommen. Kein Zuckerschlecken also, so eine Seefahrt. Aber im Vergleich zu der Busfahrt, die ich vor gar nicht allzu langer Zeit hinter mich bringen musste, ein kleiner kuscheliger Wochenendausflug mit Wellness-Charakter.

Die schrecklichen Erlebnisse in Linie 68 habe ich später nur durch das laute Singen der jüngeren und eher weniger bekannten Volksweise über eine schöne und lustige Busfahrt verarbeiten können.

Holahi und Holaho.

Eine Busfahrt, die ist lustig,
eine Busfahrt, die ist schön.
Da passieren viele Dinge,
die ei'm auf die Nerven geh'n.
Holahie, Holahooo.
Ja, da passieren viele Dinge,
die ei'm auf die Nerven geh'n.

Sie beginnt mit dem Versteckspiel
vor dem Eintritt in den Bus.

So damit man früh am Morgen
keinen Smalltalk führen muss.
Wetter gut, Wetter schlecht –
darüber sprechen möcht' ich morgens nicht,
Schweigen ist mir recht.

Dann sitz ich bei zwei Damen
und die beiden sprechen laut.
Ihr Atem riecht nach Ziege
und die Fahrt ist gleich versaut.
Mundgeruch, Mundgeruch –
diese Dämpfe vor der Nase
sind für mich ein rotes Tuch.

Am Bahnhof wird's noch schlimmer,
denn Studenten springen auf.
Und sie setzen auf die Ziege
nochmal Buttersäure drauf.
Schweißalarm, Schweißalarm –
ihre Kleider riechen streng
am Körper und auch unterm Arm.

Sie stehen in den Gängen
und sie merken dabei nicht,
dass ihr Rucksack hämmert
ständig 14 Leuten ins Gesicht.
Hassgefühl, Hassgefühl –
mein Verhältnis zu 'nem Rucksack
in der Fresse ist recht kühl.

Sie sprechen über Uni-Professoren –
alle fies!
Bis auf einen – ich zitiere:
»Der ist wirklich richtig süß!«
Schwärmerei, Schwärmerei –
ja, bei diesem Prof sitzt die
Studentin in der ersten Reih'.

Nach der Uni ist es leerer,
aber leider noch nicht still.
Da jeder mit Kopfhörern
gern der Lauteste sein will.
Musikbrei, Musikbrei –
in dem Klangteppich ist
wirklich fast so jeder Stil dabei.

Genervt von dem Gewese,
dem Gebabbel und Gestank.
Steig ich aus dem Bus. Na endlich!
Mist, die Rückfahrt! Vielen Dank.
Damokles, Damokles –
Ja, ich denke an die Rückfahrt
mit dem Bus. Ich hasse es!

Eine Busfahrt, die ist lustig,
eine Busfahrt, die ist toll.
Bei der nächsten trink ich Bierchen
und dann heg ich keinen Groll.
Holahi, Holahooo –

ja, ich freu mich auf die nächste,
die wird wirklich wundervoll.

Epilog

Eines muss ich noch loswerden. Ein paar Tage nach meinem Horrortrip treffe ich die Frohnatur, inzwischen natürlich meine Lieblingsbusfahrerin, wieder. Ich betrete ihr Gefährt und ordere, ohne sie wirklich zu bemerken, eine Fahrkarte. Mein etwas mürrisch vorgetragenes Anliegen kontert sie mit einem fröhlichen Grinsen. Meine Frage, was denn so lustig wäre, beantwortet sie mit einem herzhaften Lachen und sagt: »Ei, des war so en tolles Bild, wie Sie da eben reingekomme sinn! Un dazu die Sonn von hinne – einfach en schöne Anblick.« Seit diesem Augenblick weiß ich, dass ich dazu fähig bin, von einem Ohr bis zum anderen zu grinsen. Allzeit gute Fahrt.

Epiepiloglog

Noch etwas: Am Ende meiner Grinse-Fahrt wähle ich den vorderen Einstieg zum Ausstieg, um noch einmal Danke zu sagen. Und sie spricht dies: »Wisse se was, sie sehn müd aus. Lesche sie sisch e Stund hin, dann geht's ihne wieder besser, ganz bestimmt!« Dann braust sie davon.

Mein Auto geht sicher bald mal wieder kaputt, vintage wie es ist. Es sollte sich aber vorher mit meiner Lieblingsbusfahrerin abstimmen und den Termin am besten in die Semesterferien legen.

Das exzentrische Cello-Mädchen

Unlängst besuchte ich ein Konzert – ein Kammerkonzert für Smartphone und Violoncello, extravagantes Bühnenbild, inszeniert von der Deutschen Bahn. Durch Zufall hatte ich Karten für die erste Reihe bekommen.

Einleitung
Ein Mädchen vom Typ Lehramtsstudentin mit Zusatzbegabung sitzt alleine in einer Viererkombination. Zwischen den Sitzen und weit in den Gang ragend: ein Cello, verpackt in ein sehr stylisches, matt schimmerndes, blaues Instrumentenköfferchen von der Größe eines ägyptischen Sarkophags. Sie telefoniert. Laut. Sehr laut. Mit dem Zischen der sich öffnenden Abteiltür hebt sich der Vorhang, ein leises »klonk« eröffnet das Leitmotiv des Stückes.

1. Satz
Das Cello-Mädchen mit den glänzenden Blumenschuhen registriert den sanften Tritt gegen ihr wirklich sehr blaues Hab und Gut und setzt nach einer kurzen Schockphase zum Crescendo an. Das Telefongespräch verläuft fortan nicht mehr in forte, sondern in fortissimo. »Das kann doch echt nicht wahr sein«, schimpft sie, »so klein ist das Ding doch nicht!« Na eben, denke ich, deswegen ist die Frau ja dagegen gerannt.

Sie poltert wild drauf los: »Wenn man ihre Kinderwagen umrennt, werden die böse und das hier ist ein Cello und war teuer genug!« Ihr Smartphone glüht: »Da werde ich echt stinksauer, das nervt echt! Echt jetzt!!« Den gut gemeinten Hinweis von der anderen Seite der Leitung auf ihre etwas überzogene Reaktion kontert sie mit einem: »Das ist NICHT lustig!«

Intermezzo
Unter anhaltendem Gegrummel richtet sie ihren monströsen Cello-Kasten auf und vergrößert den Durchgang somit um ein Vielfaches.

2. Satz
Ein zweites Thema wird eingeführt. Das Motiv ist eher ruhig, in mezzopiano gehalten und plätschert in einer klaren Dur-Tonart dahin. Das Gespräch handelt nun von Kontrollanrufen, Trocknungsgeräten und Picknicks – mit Decke. Das Stichwort für das Leitmotiv, das im Hintergrund bereits anklingt und sich auf seine Wiederkehr vorbereitet.

3. Satz
Ohne Schnörkel oder gar verspielter Melodieführung wird das Leitmotiv wieder aufgegriffen. »Das sieht man doch«, brüllt sie am Telefon vorbei ins Zugabteil hinein. »Das geht mir auf den Sack, dass die Leute nicht schauen«, fügt sie an und stellt einen gewagten Vergleich an: »Wenn Kinder lärmen im Zug, erwartet jeder Rücksicht!« Sie streichelt dabei sanft über ihr blaues Ungetüm. »Auf ALLES sollst du Rücksicht nehmen! Auf Alles!« Die Verzweiflung bringt ihre Stimme zum Zittern: »Das Ding ist einfach groß. Ich muss es doch legen!«

Mit einem Paukenschlag beendet sie den 3. Satz: »Und transportieren muss ich es auch und der Transport ist eh shadowscheiße, verdammt noch mal!«

Kawosch! Welch' Ende! Bravo, denke ich, bravissimo! Als ich gerade aufspringen und Da capo schreien möchte, bemerke ich den Wechsel des Bühnenbildes.

Nachspiel

Wir sind in den Ziel-Bahnhof eingefahren. Der große, extrem blaue Cello-Kasten hat sich das zornige, extrem rotgesichtige Mädchen vor den Bauch geklemmt und lässt sich von ihm durch das Bahnsteig-Gewusel tragen. Im Zick-Zack-Kurs und bedrohlich disharmonisch kämpft sich das farbenfrohe Duett durch die auf den Ausgang zuströmende Menge. Ich bleibe in Erwartung eines famosen Schlussakkordes dran und werde nicht enttäuscht.

Denn alsbald werden die Dissonanzen zwischen den beiden stärker und lechzen auffallend nach einer harmonischen Auflösung. Sie legen eine Pause ein, deren abrupte Ausführung sich jedoch nicht mit dem dichten Bahnhofsverkehr verträgt. Es kommt, was kommen muss. Ohne erkennbaren Bremsvorgang scheppert eine Rollkoffer-Reisende mit Vollkaracho in den Cello-Kasten.

Es macht KLONK!.

Ich halte inne und die Luft an.

Aus dem Gesicht des Mädchens ist jegliche Farbe gewichen. Sie schnaubt und starrt auf ihren blauen Schatz. Mit offenem Mund und aufgerissenen Augen mustert sie ihre Unfallgegnerin, aus der binnen Sekunden ein potenzielles Mordopfer geworden ist. Ich werde bereit sein, vor Gericht auszusagen, denke ich, und warte wie gelähmt auf die Explosion. Und dann passiert: nichts. Absolut nichts.

Das Mädchen mit den glänzenden Blumenschuhen nimmt die Entschuldigung entgegen, wuchtet sich ihr Köfferchen auf den Rücken und verlässt beleidigt die Bühne.

Das Konzert ist beendet.

Ohne Zugabe.

Das philosophische Duett

Frankfurt hat einiges zu bieten. Den Römerberg, die Alte Oper, die Paulskirche - und einen singenden Elch-Kopf. Ja, einen singenden Elch-Kopf, der im Gegensatz zu den drei erstgenannten Sehenswürdigkeiten nicht ganzjährig, sondern nur saisonal und für kurze Zeit zu bestaunen ist. Daher ist es zur guten Tradition geworden, diese von japanischen und US-amerikanischen Touristen äußerst beliebte Attraktion in der Vorweihnachtszeit zu besuchen und im Schatten des Geweihs das ein oder andere Getränk zu sich zu nehmen.

Also begab ich mich eines Tages im Dezember an den Bahnhof, um mich in Sachen Brauchtumspflege auf den Weg nach Frankfurt zu machen. Hätte ich jedoch gewusst, dass ich mit dem Erwerb einer Fahrkarte auch einen Crashkurs in Philosophie erhalte, hätte ich wohl die eh schon recht bedenkliche Sinnhaftigkeit meines Ausflugs hinterfragt und flugs nach potenziellen Alternativen gesucht. Da die Deutsche Bahn aber beim Fahrkartenverkauf immer noch hartnäckig darauf verzichtet, auf potenzielle Mitreisende und deren Merkwürdigkeiten hinzuweisen, betrat ich keine sieben Minuten später nichtsahnend die S-Bahn und schluderte dann auch noch tatkräftig bei der Platzwahl. Das rächte sich umgehend. Denn schon eine Station weiter entpuppte sich mein zum entspannten Verweilen auserwählter Sitz als Möbel eines mobilen Seminarraums, in dem sich zwei Studentinnen lautstark und intensiv auf ihre Philosophie-Prüfung vorbereiteten.

Thema des Seminars: Ethik. Per se sicherlich ein interessantes Gebiet, für mein auf ein vorweihnachtliches Glühwein-

Inferno unter einem singenden Elch-Kopf eingestelltes Hirn in dieser Situation aber doch etwas schwer zugänglich. Um es in Anbetracht der anstehenden komplexen Aufgaben auf dem Weihnachtsmarkt nicht zu überfordern, schaltete ich lediglich in den ersten Gang.

Ob dieser skurrilen Begegnung mit dem blonden und dem roten Mädchen in der Bahn, habe ich die Black Box meines Körpers ausgewertet.

Ein Protokoll – direkt aus meinem Schädel.

(Die Notizen zu dieser Vorlesung finden sich im Anhang.)

Das Ethik-Getöse beginnt.

Ohren: Aaaaaaaah.

Gehirn: Um Himmels willen! Warum schreien die denn so? Das könnte man doch auch ein wenig leiser machen. Wir sind hier doch nicht im Hörsaal – und schon gar nicht im Schwerhörsaal. Worum geht's da eigentlich?

Ohren: Wir hören mal rein.

Blond: Ethisches Dilemma, blabla.

Rot: Politische Ethik …

Blond: Wissenschaft und Ethik, blablabla!

Mund: Ernsthaft jetzt?

Gehirn: Echt laut, die beiden. Und verdammt schwere Kost. Zum Glück muss ich das nicht verstehen. Elch-Kopf! Elch-Kopf! Elch-Kopf! Psst. Was sind das eigentlich für welche?

Augen: Die eine ist blond, die andere rothaarig.

Ohren: Blond hat echt mehr drauf als Rot.

Augen: Sieht man auch am Equipment. Sie hat ein Tablet,

auf dem sie souverän herumklimpert, während die Rothaarige fahrig in ihrer Zettelwirtschaft blättert.

Blond: Klimper, klimper, klimper.

Rot: Blätter, blätter, blätter.

Gehirn: Jetzt verstehe ich das. Die Blonde fragt die Rote ab – irgendwie. Verrückt, mit welchem Quatsch sich Menschen beschäftigen können. Elch-Kopf! Elch-Kopf! Elch-Kopf! Ich verstehe gar nix. Mir scheint, die beiden aber auch nur rudimentär.

Rot: Wie hieß der nochmal? Haber…? Habermas?

Blond: Ich glaube, der Professor hat gesagt, den Namen müsse man kennen.

Ohren: Waaaaaas?!

Gehirn: Jürgen Habermas ist Euch unbekannt?? Selbst ich muss da nicht in der hintersten Windung kramen. Das ist einer der bekanntesten Philosophen und Soziologen der Welt. Ein Star auf seinem Gebiet. Der Cristiano Ronaldo unter den Phiziologen. Hihi. Phiziologen. Meisterleistung, Hirn.

Mund: Ihr …

Gehirn: Klappe zu!

Rot: Ich will, dass Freitag um ist.

Gehirn: Wie? Ihr habt am Freitag schon Prüfung? Hui, da sehe ich aber ordentlich Nachholbedarf, wenn ihr die bestehen wollt.

Rot: Das fuckt mich echt ab! Ich lerne auch auf Lücke, ist mir scheißegal!

Ohren: Ui.

Gehirn: Mon Dieu. Die Ausdrucksweise korrespondiert aber nicht unbedingt mit dem Aussehen des roten Geschöpfes.

Augen: Stimmt auffallend. Zudem blättert die ständig in ihrem Ordner vor und zurück.

Gehirn: Die Lücke scheint mir sehr groß zu sein. Mein Tipp: Ordner zuklappen, am Freitag krank melden.

Mund: Mein …

Gehirn: Klappe zu!

Blond: Klimper, klimper, besser weiß, besser weiß, ätsch, ätsch, ätsch.

Gehirn: Ätsch, ätsch, ätsch.

Augen: Der Textmarker der Roten glüht. Auf dem Ordner steht übrigens: love. laugh. love.

Ein kleines Kind in Camouflage-Hosen stellt sich in den Zwischengang, stampft mit dem Fuß auf und singt unverständliches Zeug.

Kind: Daaadaaaa, daaadaadaadadaaaaaa! Pfüüpfüüffffffpfüüü. Daaadidadidaaaadaaaaa.

Ohren: Hä?

Gehirn: Ha! Besser kann man es nicht ausdrücken. Das ist mein geistiges Niveau – nur ohne Camouflage-Hosen. Daaadaaaa, daaadaadaadadaaaaaa! Daaadidadidaaaadaaaaa.

Das Kind steigt aus.

Gehirn: Schade, ich würde auch gerne aus dieser Situation aussteigen. Bei der Lautstärke geht das aber leider nicht.

Ohren: Frag uns mal! Nun geht es wieder um Ethik. Rechtsethik.

Gehirn: Dieser verrückte Ethik-Begriff ist aber auch echt komplex.

Ohren: Wir glauben, die Blonde hat gerade einen Ethik-Scherz gemacht!

Gehirn: Wartet. Ich arbeite daran. Wartet. Wartet. Wartet. Nein, hab ich nicht verstanden. Daaadaaaa, daaadaadaadada-aaaaa! Glühwein. Elch-Kopf! Glühwein. Daaadidadidaaaa-daaaaa. Ich wünsche mir das Camouflage-Kind zurück.

Die Rote isst ein Mohnbrötchen. Es ist mit Käse belegt.

Magen: Servus. Ich hab' Hunger.

Gehirn: Was willst du denn jetzt? Das ist doch nur ein Mohnbrötchen. Warte noch ein bisschen. Nachher gibt's Schweinerei unterm Elch-Kopf. Hui! Welch' großartiger Filmtitel: Schweinerei unter dem Elch-Kopf – die mystische Geschichte einer fatalen Begegnung. Gefällt mir.

Rot: Sag mal, isst dein Freund Fleisch?

Ohren: Die Rote hat die Blonde gerade gefragt, ob ihr Freund Fleisch isst?

Gehirn: Ja, habe ich gehört. Hä?

Rot: Ich kann ja gar kein Fleisch zubereiten. Das könnte echt zum Problem werden, wenn wir demnächst zusammenziehen. Ich kann nur Hackfleisch zubereiten. Von mir aus mache ich ihm das fünf Mal die Woche!

Ohren: Die Rote hat …

Gehirn: Ja doch. Auf euch liegen ja keine Tomaten. Interessante Information. Um im Thema zu bleiben. Ist das ethisch vertretbar?

Augen: Wen fragst du das?

Ohren: Wen fragst du das?

Magen: Aber sowas von.

Gehirn: Klappe zu. Das würdest du keine zwei Wochen aushalten.

Magen: Toll, jetzt habe ich noch mehr Hunger.

Gehirn: Erst die Arbeit, dann das Vergnügen. Also zuerst Glühwein, dann Essen.

Magen: Mmpf.

Gehirn: Prima, rotes Mädchen, vielen Dank.

Mund: Pri…

Gehirn: Klappe zu!

Blond: Klugscheiß, klugscheiß, klugscheiß.

Die Rote holt eine Mandarine aus der Tasche und schält sie in eine rote Box.

Augen: Das ist ja lustig. Seht Ihr das?

Magen: Ja.

Augen: Witzbold. Das ist mittlerweile der vierte Rot-Ton, den sie zur Schau trägt. Die Haare sind feuerrot, der Pulli ist pink, der Schal ist bordeauxrot und nun diese Box. Schade, dass die Brille nicht auch noch rot ist.

Gehirn: Soviel Rot auf einmal könnte ich nicht verarbeiten. Ich überlege aber gerade, wie sich das Rot des Glühweins in dieses Gesamtkonzept einfügen würde. Hm.

Ohren: Soso. Hört Ihr das?

Magen: Äh …

Gehirn: Witzbold.

Ohren: Die Rote hat zuhause einen Adventskalender, bei dem sie noch drei Türchen öffnen darf!

Gehirn: Ach komm. Wer macht denn sowas?!

Magen: Ich hab' Hunger.

Augen: Klappe zu.

Ohren: Klappe zu.

Mund: Klappe zu.

Gehirn: Pssst.

Ohren: Es geht wieder um Ethik.

Gehirn: Um was genau?

Ohren: Um Grundprinzipien für gutes und schlechtes Verhalten.

Gehirn: Ein Prinzip für gutes Verhalten wäre beispielsweise, sich nicht mit infernalischer Lautstärke in der S-Bahn zu unterhalten und damit so ziemlich allen Menschen in diesem Abteil auf den Keks zu gehen.

Magen: Hat hier jemand Keks gesagt?

Rot: Blätter, blätter, blätter.

Blond: Tipp, tipp, tipp.

Hintern: Wann sind wir denn endlich da?

Gehirn: Bald. Wir sind schon am Flughafen.

Rot: Och Menno! Ich kann mich nur umgangssprachlich ausdrücken.

Gehirn: Na, das ist mir zu Ohren gekommen.

Ohren: Stimmt.

Gehirn: Aber ist christliche Ethik wirklich das geeignete Themengebiet, sich über seine Ausdrucksweise zu beklagen? Kann man sich überhaupt über christliche Ethik umgangssprachlich unterhalten? Yo, was hab ich am Montag reflektiert!

War echt krass, mal diese Sündennummer auszuprobieren. Alter, war das cool.

Mund: Hirn, du spinnst.

Gehirn: Ich weiß, aber psst!

Rot: Menno! Ich weiß gar nicht warum, aber ich bin seit einer halben Stunde echt sowas von genervt.

Ohren: Willkommen in unserer Welt. Aber im Gegensatz zu dir wissen wir auch warum!

Gehirn: Vielleicht kommt das davon, dass du dich seit einer halben Stunde mit ziemlich viel Mumpitz beschäftigst, du Möchtegern-Philosophin??? Kennst Habermas nicht und willst Prüfung machen! Ts.

Ich frage mich gerade, ob Habermas in Frankfurt auch Glühwein getrunken hat? Möglich wär's.

Gab's den Elch-Kopf damals schon? Habermas mit Schwenkbraten-Brötchen unterm Elch-Kopf. Welch' krude Vorstellung. Aber warum denn eigentlich nicht. Auch ein Star-Phziosoph hat mal Hunger. Am End stand er vielleicht auf Mohnbrötchen mit Mandarinen und Hackfleisch an Adventskalender-Schokolade. Wer weiß das schon. Man könnte mal eine Abhandlung darüber lesen. Ob ich dann die Prüfung am Freitag bestehen würde? Müsste ich dazu vier verschiedene Rot-Töne anziehen? Das scheitert aber schon daran, dass meine Haare nicht rot sind und färben würde ich die bestimmt nicht wegen einer einzigen Prüfung – auch wenn das bestimmt super aussehen würde. Aber zum Glück …

Ohren: Hirn? Hallo?

Gehirn: Hm?

Ohren: Durchsage gehört? Wir sind da.

Gehirn: Das freut mich. Das Ethik-Martyrium ist vorbei. Hintern, hoch mit dir!

Ich steige aus und nehme Gelerntes sofort mit in den Alltag: Ist es ethisch vertretbar, meinem Körper jetzt heißen Wein mit einer Schubkarre Zucker darin einzuflößen? Ich werde unter dem Elch-Kopf darüber nachdenken. Was würde Habermas tun?

Drollige Vanessa

Die heutige Jugend ist ja schon manchmal drollig. Gerade wenn sie mit Urgewalt ihre Intelligenz, Attraktivität und Eloquenz offen zur Schau stellt. Exemplarisch seien hierfür Vanessa und ihre vier Scherginnen erwähnt, an deren Leben ich unfreiwillig 20 Minuten teilhaben durfte.

Und so war's: Die Party im Zugabteil wird eröffnet mit einem infernalischen »H-A-A-L-L-O-O-O!« – der Höllentrip in Lachsfarben und Froschgrün beginnt. Die fünf Grazien – mopsig und müffelnd – schieben sich zur Musik von Rihanna durch den Gang. Der kurze Plausch mit drei unbescholtenen Burschen endet mit Vanessas unglaublichem Satz: »Ei, isch werd lieber uff Ibiza abgeschleppt als in Malle!«

Als diese bedeutungsschwangere Aussage noch bleischwer in der Luft hängt, geht die wilde Fahrt aber bereits weiter. Geistreiche Diskussionen über »eschde Burner-Mamas«, »extrem geiles« Schuhwerk und weiteren sinnfreien Firlefanz wabern durch die Sitzreihen.

Und dann bin ich dran: Meinen Gesichtsausdruck – aufgerissene Augen, herunterhängende Kinnlade, aufgestellte Ohren – quittiert Vandalen-Vanessa mit den Worten: »Hey, ned so langweilisch gugge, Alder!«

Als sie ausgestiegen waren, huschte die große Langeweile in den Zug.

Ein Zug voller Schadenfreude

Wien, Ernst-Happel-Stadion: Die Österreicher bezwingen Kasachstan mit 4:0. Die Stimmung beim gemeinen Ösi ist prima.

In der S-Bahn gibt es dann auch nur ein Thema: das spektakuläre Spiel der Deitsch'n gegen Schweden. Wie ein Lauffeuer verbreitet sich die Kunde vom unglaublichen 4:4 in Berlin. Aus zunächst ungläubig dreinschauenden Gesichtern werden peu à peu zufriedene und schadenfroh Lächelnde. So schmunzelt also die gesamte S-Bahn vor sich hin.

Sehr zur Freude der Mitreisenden macht ein, nun ja, etwas gewöhnlicher Fan aus seinem Herzen keine Mördergrube und spricht voller Inbrunst jene außergewöhnlichen Worte: »Die Piefke hom 4:4 g'spüüt. G'schiadn räächt, den G'schissenen!«

Hm. Ein Österreicher mit Fußball-Fachwissen? Goldig.

Eine unglaubliche Geschichte

Unlängst sitze ich im Bus. Auf dem Weg nach Außerhalb zum Haus-, Hof- und Nierenwinzer. Da steigen fünf pubertierende Mädchen hinzu und nehmen die Plätze hinter mir ein. Nach ca. 18 Minuten holt die erste ihr Handy raus.

Kein Witz.

Genau so passiert.

Ehrlich.

»ER« – Drama in drei Akten

Dieses Stück hatte bereits Premiere, das Skript galt jedoch. lange Zeit als verschollen. Nun ist es wieder aufgetaucht. Basierend auf den Erzählungen einer Zeitzeugin, konnte es rekonstruiert werden.

Welch' ein Drama!

1. AKT – AM BAHNSTEIG
Personen: die ERZÄHLERIN, die ROSINE, 600 STATISTEN

Es ist heiß, stickig und laut.
Der Aufzug kaputt.

Die ERZÄHLERIN ist 30, vollbepackt und reiselustig. Sie trägt ihr Rad auf Gleis 8.
ERZÄHLERIN (zu sich selbst):
Warum hilft mir hier eigentlich keiner?
STATISTEN hetzen vorbei, pöbeln und schwitzen.
Am Bahnsteig riecht es nach STATISTEN.
Eine ältere Frau mit Fahrrad wartet bereits an den Gleisen.
Ihre Haut in Farbe und Konsistenz rosinig*.
Hervorstechend.
ERZÄHLERIN tauft ROSINE ROSINE.

Der Zug fährt ein.

ERZÄHLERIN (zu sich selbst):
Prima, dass der Fahrradwagen am anderen Ende des Zuges ist.

ERZÄHLERIN flucht.

ROSINE nicht.

ROSINE galoppiert sportiv voran. Rücksichtslos und sieges-
sicher. Sie erreicht das Fahrradabteil.

ROSINE jubiliert.

ERZÄHLERIN nicht.

2. AKT – IM ZUG / FAHRRADABTEIL

Personen: die ERZÄHLERIN, die ROSINE, 30 STATIS-
TEN

Es ist heiß, stickig und laut.

ERZÄHLERIN steht vor den Fahrradhalterungen.

ROSINE sitzt.

ERZÄHLERIN (murmelt verwundert):

Da sind ja alle Fixierungsriemen schon blockiert!?

ROSINE (zur Erzählerin, triumphierend):

Schnell muss man sein.

ERZÄHLERIN auf 180, schäumt.

ERZÄHLERIN versucht, ihr Fahrrad notdürftig zu fixieren,
schafft es und setzt sich.

ROSINE springt auf und tänzelt zu ihrem Rad.

ROSINE (zur Erzählerin):

Na da will ich mal hoffen, dass meinem Rad nichts passiert ist.

ERZÄHLERIN (zu sich selbst):

Ich raste aus, ich raste aus, ich raste aus!

3. AKT – IM FALSCHEN FILM
Personen: die ERZÄHLERIN, die ROSINE, 30 STATIS-
TEN und ER

Es ist heiß, stickig und laut.

ERZÄHLERIN weiterhin kurz vorm Eskalieren.
ER betritt den Raum.

Stille.

ER ist Mitte 40, trägt eine Plastiktüte, knielange Socken,
Schuhe – und: eine Unterhose, schwarz.
ER setzt sich und liest ein Buch.

ERZÄHLERIN fassungslos.
ROSINE fassungslos.
30 STATISTEN fassungslos.

Es ist heiß, stickig und mucksmäuschenstill.

Nur der Zug rollt rumpelnd weiter.

ENDE

Mitteilungsbedürftiger Zugbegleiter

Das sich verändernde Klima hat uns alle sensibler fürs Wetter gemacht. El Niño wird schon sehr lange nicht mehr für ein mexikanisches Kleinkind gehalten, fast jeder weiß inzwischen, dass Tsunami keine Faltkunst ist und das Ozonloch gehört mittlerweile zur Familie. Auch die Folgen des Klimawandels dringen immer mehr in unser alltägliches Leben. Hurrikane, Überschwemmungen, Bahnchaos.

Wenn das Wetter also mal wieder Kapriolen schlägt und mit der Deutschen Bahn Katz und Maus spielt, kommt es nicht selten vor, dass sich das verhinderte Reisevolk über mangelnden Informationsfluss seitens der Bahn beschwert.

Unlängst geriet ich – es regnete leicht – in einer Regionalbahn in eine Art Chaöschen, welches der Zugbegleiter zum Anlass nahm, aus dem sonst üblichen Informationsrinnsal einen regelrechten Informationsamazonas zu formen.

Da sitze ich also abends im Zug auf dem Weg nach Hause und starre Löcher in die Luft. Meine Gedanken müssen sich festkrallen, um nicht vom Durchzug in meinem Hirn ohrwärts hinausgetragen zu werden. Ich verharre andächtig in dieser Position, als sich der Zug auf einmal meinem Zustand anpasst, auf freier Strecke langsamer wird und zum Stillstand kommt. Willkommen in meiner Welt, denke ich noch, als sich der Zugbegleiter meldet: »Die Fahrt verzögert sich um wenige Minuten«, schallt es aus dem Lautsprecher, »wir bitten um Ihr Verständnis.«

»Klar habe ich das«, murmele ich vor mich hin, was bleibt mir auch anderes übrig. Aussteigen möchte und darf ich hier eh nicht. Da meldet sich der Zugbegleiter erneut: »Die schlechte Nachricht ist: Die S-Bahn hat im Bahnhof vor uns Vorrang. Deshalb müssen wir warten.«

Aha, denke ich etwas überrascht ob dieser zusätzlichen Information, soll sich mal beeilen, die S-Bahn, ich mag heim. Und gerade als sich der Zug wieder in Bewegung setzt, meldet sich erneut sein Begleiter: »Kommando zurück: Es war nur ein durchfahrender Güterzug, der uns aufgehalten hat.«

Unverschämt, denke ich, dieser dreiste Güterzug! Die aufkommende Abneigung gegenüber meinem früheren Modelleisenbahn-Traum wird augenblicklich von einer erneuten Durchsage unterbrochen: »Gute Nachricht: Der Güterzug wird umgeleitet. Da haben wir ihn nicht mehr vor der Nase.«

»Donnerwetter«, entfleucht es mir, »ein Zugführer mit Informationsdrang und Liebe zum Detail.«

Jetzt will ich mehr, sinniere ich, und blicke sehnsüchtig in Richtung Lautsprecher. Ich werde nicht enttäuscht: »Wir haben jetzt vier Minuten Verspätung«, höre ich und spüre unendliche Gier nach weiteren Informationen. Kurz bevor ich meine Mitreisenden zu Sprechchören animiere, öffnet er wieder seine Seele für uns: »Ich würde die gerne reinholen, aber durch die Baustelle zwischen Gustavsburg und Römischem Theater schaffe ich das nicht«, beteuert er hörbar mitgenommen.

Wir sind alle bei dir, denke ich, lass es uns wenigstens probieren. Einer für alle, alle für einen. Als wir gemeinsam dieses vermaledeite Hindernis ohne größeren Zeitverlust passiert haben, erhalten wir die verdiente Belohnung: »Dingdong«, geräuschisiert* er mit seiner Stimme, »Dingdong, wir erreichen gleich Mainz Hbf.«

Vielen Gesichtern, die sich nun zum Ausstieg begeben, ist trotz der ungebührlichen vier Minuten Verspätung in ihren Lachfältchen sowohl ein vergnügtes Danke als auch tosender Applaus abzulesen.

Auch ich strebe aufgekratzt zum Ausgang. Dort steht ein junger Mann in einer Uniform, die ihn als Bahnangestellten ausweist. Er spürt die amüsierten, gleichwohl auch fragenden Blicke auf seinem DB-Schild und sagt leicht genervt: »Ich habe die Durchsagen nicht gemacht. Gucken Sie mich nicht so an. Ich fand die eher peinlich!«

»Ich nicht«, entgegne ich ihm, »ich nicht.«

Nur über die Strategie *Je kleiner das Chaos, desto größer der Informationsfluss* sollte die Bahn dringend noch einmal nachdenken.

Mona

Prolog

Dieses Büchlein im Büchlein ist allen narzisstisch veranlagten Menschen gewidmet, denen ich hiermit die traurige Mitteilung machen muss, dass sie nicht der Mittelpunkt der Welt sind. Denn das ist Mona. Mona durfte ich an einem Freitag im Oktober kennenlernen.

Kapitel 1 – Gleis 3

Bedächtig und voller Tatendrang betrete ich eine Stadtschnellbahn, die mich zum größten Flughafen Deutschlands bringen soll. An diesem Freitag im Oktober bin ich einer der über 60 Millionen Passagiere, die jährlich vom Frankfurter Flughafen abfliegen. Darauf freue ich mich, darauf bin ich konzentriert, darauf bin ich vorbereitet.

Auf Mona nicht.

Kapitel 2 – Station 1

Unsere Lebenswege kreuzen sich in einer Vierersitz-Kombination mit Vis-a-vis-Anordnung. Meine eine Station während Bein-, Geräusch- und Gedankenfreiheit (BGGf) geht fließend in eine PLKb (Platz-, Lärm- und Konzentrationsbeeinträchtigung) über, als sich Mona und ihre zwei Begleiterinnen zu mir gesellen.

In trauter Viersamkeit lerne ich nun – eingepfercht hinter meinem Reise-Rucksack – die hierarchischen Strukturen einer Mädchen-Gang kennen.

Abfahrt.

Kapitel 3 – Station 1 => 2

Es wird schnell klar: Die Struktur in dieser Gang gleicht dem Prinzip des Frontalunterrichts. Eine spricht, die anderen schweigen aufmerksam. Qualifizierte Wortmeldungen sind geduldet, Störungen aber nicht erwünscht.

Mein Redeanteil an dieser Konversation ist ähnlich groß wie der der beiden Mona-Anhängslerinnen*. Lediglich die Voluminöse proklamiert in regelmäßigen Abständen ihre Müdigkeit.

Abfahrt.

Kapitel 4 – Station 2 => 3

Ich weiß nun um Monas Domizil. Sie lebt in Straßburg und hat ein kleines Zimmer in einer Wohngemeinschaft für sich und ihr Ego bewohnbar gemacht.

Ihr Französisch sei mittlerweile exquisit, prahlt sie. Nur ein paar Fachbegriffe in der Literaturwissenschaftsvorlesung haben sie kurz stutzen lassen. Kurz.

»Boah, bin ich müde«, wirft die Voluminöse ein.

Abfahrt.

Kapitel 5 – Station 3 => 4

Mona nutzt die Zeit, ihre polyglotte Seite darzulegen. Schlagartig fühle ich mich schuldig, noch nie in Neuseeland gewesen zu sein. Auch ihren Freund noch nie kennengelernt zu haben, bereitet mir zunehmend Bauchschmerzen.

»Ich könnte jetzt echt 'nen Kaffee gebrauchen«, murmelt die Voluminöse.

Abfahrt.

Kapitel 6 – Station 4 => 5

Mona lässt ein kurzes Gespräch zwischen der Müden und der anderen Blonden zu, befindet es für langweilig und bringt flugs das Thema »Mona und die Feinheiten der französischen Sprache« aufs Tapet. Laut. Engagiert. Mitreißend.

Ich bereue ansteigend, keinen Flug nach Frankreich, sondern nach Tschechien gebucht zu haben.

»Oh man, hab' ich schlecht geschlafen«, bemerkt die Voluminöse.

Abfahrt.

Kapitel 7 – Station 5 => 6

Mona präsentiert den Knüller: Sie hat Karten für die Literaturpreis-Verleihung! Ich möchte tanzen vor Glück, sehe aber ob meiner beengten Sitzsituation und den zu erwartenden Blicken davon ab.

Als ich mich gerade wieder etwas beruhigt habe, legt sie nach: »Ich gehe mit meinem Professor hin!«

Die Blonde jauchzt, die Voluminöse wacht auf. Ich denke nur – bereits intensiv monafiziert*: »Formidable!«

Abfahrt.

Kapitel 8 – Station 6 => 7

Es geht um das Ziel der Reise: die Buchmesse.

Ich blicke zu Mona, erwarte Großes und werde nicht enttäuscht. »Ich war ja gestern schon da«, flötet sie in den Zug. Natürlich. Das Fußvolk darf ja heute erst offiziell Bücher besichtigen.

Ich sehne den Ausstieg herbei.

Die Voluminöse jammert: »Mensch, ich bin immer noch so müde.«

Abfahrt.

Kapitel 9 – Station 7 => 8
Just als ich mich auf das Verlassen der illustren Dreier-Runde vorbereite, möchte die Blonde, angetan von der Schwärmerei und der Aussicht auf volle Messehallen, von Monas Erfahrungsschatz profitieren und reicht eine qualifizierte Wortmeldung ein: »Wenn du gestern schon da warst, dann kannst du uns ja zeigen, wo es am besten ist.« Und da zieht Mona ihren letzten Narzissmus-Pfeil aus dem Köcher und trifft damit – für mich eher unerwartet – bei ihren Untertaninnen voll ins Schwarze. »Also, im Innenhof steht ein alter VW-Bus. Da kann man Bilder von sich machen lassen!«

Bis dahin sollte die Voluminöse aber aufgewacht sein.

Ausstieg.

Epilog
Im Flugzeug war an diesem Freitag im Oktober der Platz neben mir frei.

Small Talk

Der gute alte Small Talk – man muss ihn beherrschen, um ihn zu mögen. Ich beherrsche ihn nicht, ich mag ihn nicht. Zumindest ist er bei mir ähnlich beliebt wie eine Spinne im Bett, ein Wespenstich ins Augenlid oder ein Kaugummi im Haar. Kann mal passieren, muss aber nicht sein.

Getreu dieser Maxime habe ich Vermeidungsstrategien entwickelt, die zumeist in den frühen Morgenstunden Anwendung finden. Der Klassiker unter den Strategien: die leidenschaftliche Vertiefung in eine Lektüre. Sei es ein Buch, eine Zeitung oder die Beflockung des eigenen T-Shirts. Auch das ausgiebige Studieren von Fahrplänen oder Haltestellenschildern hilft dabei, unerwünschten Blickkontakt zu vermeiden.

Eine weitere Strategie verlangt vom Small-Talk-Unwilligen neben einer guten Beobachtungsgabe zudem auch motorisches Geschick. Denn die Bewegungen des Small-Talk-Willigen in Verbindung mit einem Sichtschutz spendenden Hindernis zu antizipieren, fordert nicht selten katzenartige Geschmeidigkeit und blitzschnelle Reaktion. Zudem bedarf es viel Übung, die Barriere stets zwischen sich und dem Dummbabbel-Aggressor zu bringen, um die Entdeckungsgefahr zu verringern. Im Falle einer barrierefreien Umgebung hilft auch manchmal ein beherzter Sprung in die Hecke. Wird eine der Strategien mangelhaft ausgeführt, drohen gehaltvolle Gespräche über Feuchtigkeit bei Regen, Hitze im Sommer oder Kälte im Winter.

Nun ließ mich jüngst jedoch eine Studie des Max-Planck-Instituts für Psycholinguistik in Nimwegen aufhorchen, die mein Dasein als passionierter Vermeidungs-Täter ins Wanken brachte und mir die sichere Verblödung prophezeite. Die Quintessenz der Untersuchung, dass nämlich »Unterhaltungen womöglich eine der anspruchsvollsten kognitiven Aufgaben in unserem Alltag« seien, nahm ich sodann mit ins Trainingszentrum Montagmorgen-Bus.

Tatsächlich dauerte es genau eine Station, bis sich die Gelegenheit auftat, mein Hirn zu beanspruchen. Als ich einen Kollegen beobachtete, der parallel zum einfahrenden Bus einem Eingang entgegenstrebte, senkte ich die Zeitung, befeuchtete meine Lippen und machte mich bereit, einen Teil des von der Studie errechneten Tagespensums von ca. 16.000 Wörtern zu verjubeln.

Dass sich zu den zwei bereits am Morgen benutzten Wörtern (Grmpf und Kaffee) nur noch fünf dazugesellten (1. Was, 2. macht, 3. der, 4. denn, 5. da) lag daran, dass der auserwählte Sparrings-Kollege, der sich offenbar unbeobachtet fühlte, bei meinem Anblick panisch auf dem Absatz kehrtmachte und zu einem anderen Eingang flüchtete. Ich meine auch, erkannt zu haben, dass er sich nach einer Hecke umgesehen hatte.

So saß ich da, Opfer eines Vermeidungs-Strategen, 15.993 Wörter im Anschlag und mit der Aussicht auf kognitiven Stillstand. Kurz nachdem ich mich wieder meiner Zeitung gewidmet hatte, erfuhr ich von meinen Sitznachbarn, dass es für diese Jahreszeit doch viel zu kalt sei und die Sonne sich ruhig mal öfter sehen lassen könne. Profis, dachte ich, echte Profis.

Taxi-Fahrt in die Hölle

Es war der sinnliche Abschluss eines Arbeitstages.

In manchen Momenten des Lebens scheint die Welt still-zustehen. In tiefer Trauer zum Beispiel, in der Liebe – oder eben auch mal im Taxi.

Der Reihe nach: Mein Auto hatte unlängst spontan be-schlossen, kurz vor mir Feierabend zu machen. Prinzipiell in

Ordnung, in diesem Moment aber eher unpassend. Ein Taxi musste her. Hätte ich gewusst, was mich er-wartet, hätte ich wohl eher versucht, mein bockiges Gefährt mit stichhaltigen Argu-menten – ein Uhr nachts, dunkel, kalt – zu ein bis zwei Über-stunden zu überreden. So aber näherte sich unausweichlich die Hölle auf vier Rädern.

Es ward ein Spektakel für vier Fünftel meiner Sinne.

Beim Öffnen der Pforte löste Sinn drei sofort Großalarm aus: Nicht einsteigen! Nicht einsteigen! Sinn fünf jedoch, speziell die Thermorezeptoren, ermutigte Kollege Nase: Du gewöhnst dich dran, Wärme vor Geruch!

Nach kurzer Fahrzeit fiel Sinn eins dann auf, dass eine schläfrige Schleichfahrt und ein tickendes Taxameter nicht wirklich gut miteinander harmonieren, fand aber mit seiner Beobachtung kein Gehör, weil sich Sinn zwei heftig mit dem WDR4-Discomix auseinandersetzen musste. Spätestens als der beleibte Mann hinter dem Steuer auf kuscheliges Holzofen-Niveau geheizt hatte, sehnte ich mich nach meinem Auto.

Nach 18 unwiederbringlichen Minuten verließ ich dieses olfaktorisch-audiovisuelle Desaster und schmeckte das zarte Gefühl der Freiheit. Gustatorisch ein absoluter Hochgenuss. Geht doch.

Zungentartar

Dies ist eine Geschichte aus dem Bus, aus einem heißen Bus, aus der Linie 68 – übrigens auch ungefähr die Temperatur im Innenraum dieser mobilen Sauna. Half aber nichts, ich musste irgendwie von A nach B. Also stieg ich kurz vor dem nächsten Aufguss zu und präsentierte den Mitreisenden stolz meine Schweiß-Kaskaden.

Doch dann stahl mir kurz nach dem ersten Aufguss ein mächtig betüteter* Mann die Show. Als er sich und seine 44 Tüten niedergelassen hatte, zauberte er majestätisch einen Handventilator aus dem Ärmel und verschaffte sich so seine persönliche Kaltluftschneise. Er schien es sichtlich zu genießen, zumindest stimmte er unentwegt Loblieder auf sein wertvolles Kleinod an – leise zwar und in einer eigenartigen Sprache, dafür aber beharrlich, fortwährend, andauernd, permanent, unaufhörlich, ja sogar stetig.

Bis, ja, bis der sudokuende* Mann neben ihm Mut bewies und zu dem Tüten-Ventilator-Mann sprach: »Pass uff, dass de der ned die Zung' euklemmst!« Ein Held des Alltags, dachte ich, ein Verfechter der Zivilcourage, doch dann offenbarte der vermeintlich Fürsorgliche seinen wahren, eigennützigen

Ansatz, indem er hinzufügte: »Sonst krie isch noch die ganze Fleischfetze ab und isch muss des Hemd morsche nochemo oziehn!«

Hatte ich erwähnt, dass im Bus ca. 68 Grad herrschten?

Hm.

Begegnungen auf Reisen

Berliner Billard

Eine kleine Anekdote aus der Hauptstadt.

Hackesche Höfe, Billard-Zimmer mit kultigem Ambiente. Eine Kleinstfamilie betritt den Raum. Vater, Mutter, berucksacktes* Mädchen im nichtbillardfähigen Alter. Zielstrebig begeben sich die Erzeuger zum grünen Filztisch, das Kind schlendert unverzüglich zu einer Sitzgelegenheit in der Ecke des Raumes und beginnt zu lesen. Dieser Vorgang wirkt erprobt, abgesprochen, ja fast schon rituell. Doch das so einstudiert Wirkende entpuppt sich keine acht Stöße später zu einer irgendwie tragikomischen Mogelpackung.

Denn der euphorisierte Vater kommt nun zu seiner Kleinen in den schummrigen Bereich des Erwachsenen-Spielzimmers und sagt: »Geh' doch da hinten hin, da hast du besseres Licht.« Seine geparkte Tochter blickt ihn mit großen Augen an und antwortet dann doch irgendwie erwartungsgemäß: »Papaaa, wie lange dauert's denn noch?« Und Papa wählt die, nun ja, eher feige Variante und sagt: »Kommt drauf an, wie lange Mutti noch spielen will!« Sagt's und zieht Queue-schwingend von dannen.

Volltreffer.

Stoß misslungen.

Birgit Nielsen

So ein Hotel ist schon etwas Tolles. Man hat ein Dach über dem Kopf, eine Schlafgelegenheit und bekommt sogar regelmäßig was zu essen. Natürlich kostet das den einen oder anderen Euro, im Preis inbegriffen ist aber auch eine famose und nicht buchbare Sonderleistung: Das täglich variierende Bühnenprogramm mit eindrucksvollen Darbietungen eines sich kontinuierlich wandelnden Ensembles von Laiendarstellern, die morgens und abends ihre besonderen Talente präsentieren oder auch mal gerne in die Rolle eines mehr oder weniger bekannten Prominenten schlüpfen. Gemeinhin wird das ja als Frühstück und Abendessen bezeichnet, mit ein bisschen Fantasie allerdings und einem veritablen Dachschaden kann man sich daraus aber auch jeden Tag ein kleines Erlebnis zaubern. Böse Zungen könnten jetzt behaupten, das wäre grobe Lästerei. Und die bösen Zungen haben natürlich ein Stück weit recht.

Aber mal Hand aufs Herz: Wer hat bei einem längeren Hotelaufenthalt seinen temporären Mitbewohnern noch nie Spitznamen gegeben, Ähnlichkeiten mit anderen Personen festgestellt oder dem Erscheinungsbild nach Spekulationen über den Status quo eines Mitgastes angestellt? Also ich schon. Mit Inbrunst und gerne auch mit meiner Leidensabschnittsgefährtin. Das bringt Freude, fördert die Kreativität und bestätigt einem auch ein wenig die Partnerwahl in Sachen Humor. Denn wer sich gemeinsam an Brigitte Nielsen und ihrer dem Original weniger ähnelnden Schwester Birgit Nielsen erfreuen kann, zusammen entzückt ist, wenn Lukas Podolski den

Frühstücksraum betritt oder sich kongenial daran abarbeitet, fiktive Lebensläufe für bestimmte Hotelgäste zu entwerfen, der tickt zwar nicht ganz richtig, dafür aber wenigstens im Gleichklang. So – und nur so – sind dann auch Dialoge wie der folgende zu erklären.

»Schau mal, dort sitzt die gut situierte Reederei-Familie aus Hamburg, die den zukünftigen Schwiegersohn unter die Lupe nimmt.«

»Ja, und da hinten holt gerade die Gymnasial-Lehrerin für Englisch und Chemie Rührei für sich und ihren Mann, der zuhause gar nichts zu sagen hat.«

»Recht hast du. Wann kommt denn eigentlich das italienische Pärchen, bei dem du in ihrem Gesicht ablesen kannst, ob er über Nacht brav war?«

»Die kommen doch immer erst kurz vor Ende. Aber hast du schon die gefährlichen Liebschaften gesehen?«

»Nein, allerdings weiß man bei denen ja nie, in welcher Kombination sie die Nacht verbracht haben und zum Frühstück erscheinen. Aber schau mal, da kommt Pegah Ferydoni um die Ecke.«

»Wer?«

»Na, die Schauspielerin, die habe ich dir doch gestern gezeigt.«

»Stimmt. Werden wir heute eigentlich wieder von dem Kellner bedient, der im Nebenjob auch Menschen spurlos verschwinden lässt?«

»Nein, ich glaube, vom schnauzbärtigen Porno-Heinz.«

»Glaube ich nicht. Der bedient den Bereich, wo die in die Jahre gekommene russische Pamela Anderson sitzt.«

»Da sitzt auch Germany's next Topmodel, das letztlich doch den Sprung unter die letzten 30 verpasst hätte.«

»Ach, schau mal, meine Arbeitskollegin ist da.«

»Pfff, meine sitzt schon längst da hinten.«

»Was? Die ist schon da? Und das goldige Kind mit den gestressten Eltern ist auch schon aufgestanden?«

»Ja, dafür geht die Familie mit der Helikoptermama schon wieder weg.«

»Stimmt, und das Instagram-Mädchen und ihr Fotograf – Schrägstrich – Freund kommen jetzt erst.«

»Da wird die Sonne wohl erst später so richtig rauskommen, hm? Wir können also noch in Ruhe frühstücken.«

»Prima.«

So viel Freude die Vermutungen und Spekulationen auch bereiten, man erführe so manches Mal nur zu gerne etwas über den Wahrheitsgehalt seiner Spinnereien – Birgit Nielsen inklusive. Und natürlich über die eigene Rolle im illustren Ensemble der Laiendarsteller. Vielleicht bei der nächsten Vorstellung um 19 Uhr: Abendessen.

Hashtag Hasstag

Unlängst hatte ich eine schicksalhafte Begegnung. Ich traf im Skiurlaub einen Freitag, der sich einbildete, ein 13. zu sein und etwas für die schwache Unglücks-Bilanz seiner Kollegen tun zu müssen. Mittelpunkt seiner Mission: Ich. Es ward einer jener Tage, dessen Verlauf man im Nachhinein wohl als eher missraten bezeichnen würde.

Dabei begrüßte mich dieser geltungssüchtige Wochentag mit Sonne und blauem Himmel. Mit Wohlfühlatmosphäre also – zur Kaschierung seines teuflischen Planes, den ich treudoof Punkt für Punkt abarbeitete. Erster Programmpunkt: ein beherzter Schnitt in den Zeigefinger. Das erledigte ich schnell, unaufgeregt und professionell. Abgehakt. Dann nahm ich mir die wohl schwierigste Position auf der Liste vor: das Knie ruinieren. Unbestritten eine recht knifflige Aufgabe, die ich aber dennoch souverän und zielsicher löste. Der dazu notwendige Sturz mag zunächst etwas plump und ungeschickt gewirkt haben, doch nur eine Winzigkeit später entpuppte er sich als höchst effizient und präzise ausgeführt: Ruptur des vorderen Kreuzbandes mit dazugehöriger Segond-Fraktur und Innenmeniskusläsion. Check.

Einmal in Schwung gekommen, ging ich den Rest der Liste an. Ich schlängelte mich elefantengleich mit einer ausgeprägten Einblutung im lateralen Kapselbandapparat in ein Taxi, dessen Fahrer mich für den Gegenwert eines kleinen Bauernhäuschens in der Toskana in die Klinik beförderte. Dort angekommen, fiel ein Satz, der in der Sätze-die-man-so-gut-wienie-hört-Liste in den Top Five rangieren und in den tristen

Wänden eines herkömmlichen Wartezimmers einen Orkan der Begeisterung auslösen dürfte: »Tut mir leid, Sie sind gleich dran«, sagte die Rezeptionistin und ergänzte: »Eine Schwester wird Sie gleich abholen.« In Anbetracht der düsteren Aussichten für meine nahe Zukunft hätte ich mir durchaus noch ein wenig Zeit für eine kurze Lebensrezension gewünscht.

So aber schenkte mir das Schicksal alsbald die nächste Herausforderung in Form eines in frischem OP-Pink gewandeten Anästhesisten, der sein Berufspraktikum zum Narkosearzt offenbar an seinem Humor absolviert und dabei die Dosis zu hoch gewählt hatte. Denn mein Scherz, ob er denn die Schwester sei, die mich mitnehmen soll, erzeugte nur bedingt die gewünschte Wirkung und ließ mich sofort darüber nachdenken, wer denn mit meiner CD-Sammlung etwas anfangen könnte.

Noch intensiver wurden diese Gedanken, als ich im weiß gekachelten OP-Vorbereitungsraum auf die bemitleidenswerte Idee kam, meinen Operateur mit den Worten »Sie sind also mein Schlachter« zu begrüßen und er sichtbar gelangweilt mit einem profanen »Nein, ich bin der Chirurg« antwortete. Zu meiner Beruhigung ergänzte er in wunderbarem österreichischen Slang »I mach Ihnen a neies Kreizbanderl« und huschte hinaus. Ich begab mich wieder in die Piz-Buin-Stellung*, um bei klassischer Musik darüber zu sinnieren, mit welchem

OP-Personal, das nach und nach bei mir als OP-fer vorstellig wurde, ich es mir noch verscherzen könnte.

Aus einer Vielzahl an Kandidaten entschied ich mich für eine Schwester in Froschgrün, die am Ende unserer kurzen Konversation mit Einbahnstraßen-Humor aussprach, was wohl alle dachten: »Sie san a rechter Witzbold, was?!«

Weitere Peinlichkeiten verhinderte eine plötzlich auftretende Tiefschlafphase ohne Fettnäpfchenpotenzial – eine angenehm ruhige Zeit, die dieser sonderbare Freitag jedoch im Übergabeprotokoll an den Samstag als »nicht abgeleistet« vermerkte. Der so in die Pflicht Genommene legte auch gleich nach der OP los und schenkte mir als Betthupferl einen Schlafkumpan, der in jedem Ferienlager das Einzelzelt im Wald bekäme, um wilde Tiere abzuschrecken. Ich betätigte, weder Bär noch Luchs, eher angeschossenes Reh, den roten Knopf.

So lernte ich Bettina kennen, die ihrerseits das Pech hatte, mich kennenzulernen. Da sie etwas mürrisch dreinschaute, schlug ich ihr ein Kennlernspielchen zur Auflockerung ihrer Nachtschicht vor: Such' das Einzelzimmer.

Doch auch nach Beendigung des Spiels, in dessen Verlauf sie mich, mein Bett und alle meine Sachen durch die halbe Klinik hatte schieben dürfen, war ihre Laune nicht besser. Das wollte ich ändern.

So bereitete ich als Wiedergutmachung an unserem ersten gemeinsamen Morgen eine Überraschung für sie vor: ein Arrangement in den Farben der Liebe – mit viel Hingabe zum Detail. Ich empfing sie nach dem Frühstück, dem Bäuerchen und dem Betätigen des Notknopfs mit offenen Armen. Zumindest einem davon. Denn aus dem rechten der beiden verteilte sich rasensprengerartig mein Blut über das Bett, da ich zuvor bei einem ungeschickten Kanülen-Befreiungsversuch an der Komplexität des Steckverbindungs-Systems krachend gescheitert war. Seit diesem Moment, in dem sie in der Tür stand, das Desaster realisierte und sich stoisch ans Wegfeudeln machte, weiß ich, wie man pantomimisch Contenance darstellt.

So stand ich zwei Stunden später, mit ebenso vielen Löchern im Knie, aber der doppelten Anzahl an Beinen vor der Klinik und starrte in den azurblauen österreichischen Himmel. Erst als dieser mir nach fünf Minuten nicht auf den Kopf gefallen war, glaubte ich an das Ende meiner kurzen, aber sehr erfolgreichen Karriere als Versuchskaninchen eines Freitags, der sich einbildete, ein 13. zu sein, als 6. aber rein gar nichts zur Unglücks-Bilanz seiner berühmt-berüchtigten Kollegen beigetragen hat.

In der Porsche-Sauna

Diese kleine Erzählung wird eröffnet von einem der flachsten Scherze der letzten drei Dekaden:

Warum heißt die Sauna eigentlich Sauna?

Weil man sich dort saunah kommt.

Das ist wohl das Blödeste, was ich persönlich je ÜBER die Sauna gehört habe. Aber Nachstehendes ist mit Sicherheit das Bizarrste, was ich je IN einer Sauna gehört habe.

Da halte ich mich neulich im Wellness-Bereich eines zuge-geben etwas schickeren Hotels auf. Mit mir in der 90-Grad-Sauna befindet sich eine Gruppe älterer Herren, die sich am Stammtisch wähnen und von gediegener oder gar ruhiger Atmosphäre in einem Schwitzkasten entweder noch nie et-was gehört haben oder – und dies halte ich für wesentlich wahrscheinlicher – sich einen geschwurbelten Aufguss darum scheren. Sie unterhalten sich lautstark über Geschäfte, Aktien und Autos, teure Autos. Da wischt sich einer der Granden den Schweiß aus dem Porsche-Bart und sagt jene faszinierenden Worte: »Wenn du einmal im Cayenne oben gesessen hast, willst du einfach nicht mehr runter in den Panamera!«

Kawosch! Endlich spricht's mal einer aus! Wem geht das eigentlich nicht so, denke ich. Ich umarme gedanklich meine Schrottkarre und hoffe inständig auf ein paar Schweißtropfen im Ohr.

Kleine Mengen an Reisende

Dies ist eine dringende Warnung an Durstige.

Wer in Bayern unterwegs ist, muss sich ja generell auf die eine oder andere Gängelung einstellen. Keine Wurst nach zwölf, im September ein Fest feiern, das den Namen des nächsten Monats trägt, Bayern 3 oder die beständige Aufforderung, einen berühmten tschechischen Sänger zu grüßen. Aber dieses eine seltsame Verbot schlägt dem Fass den Boden aus: O'zapft is sozusagen.

Da macht man also einen Ausflug in den Süden, frönt dem Leben mit Fressen, Fernsehen und Feixen und dann passiert Folgendes: Um den Weg nach Hause etwas beschwingter zu gestalten, machen wir an einer Tankstelle Halt. Die Suche nach dem passenden Kaltgetränk wird jäh unterbrochen: »Ihr braucht gar nicht weiter zu schauen, ich darf keinen Alkohol verkaufen. Es ist nach 22 Uhr. Nur noch kleine Mengen an Reisende«, spricht eine kleine Person hinter der Ladentheke. Auf den Einwand, dass wir doch Reisende wären und uns ein alkoholisches Getränk leidlich verdient hätten, erwidert das gesetzestreue Verkauf-Mädchen: »Aber Ihr seid zu Fuß da.« Die Äußerung, dass das doch ob unseres Anliegens ein monströser Pluspunkt sei, ignoriert sie geflissentlich. Auf die Nachfrage, ob wir ein Bierchen bekämen, wenn wir jetzt mit dem Auto vorfahren würden, antwortet sie wie selbstverständlich mit einem freundlichen: »Ja, klar!«

Der Weg zurück in die Nacht ist erfüllt von Gedanken an eine Taxifahrt zurück an Ort und Stelle, über eine Al-Capone-Karriere auf zweitem Bildungsweg bis hin zu einer kontrollierten Sprengung der Tankstelle. Der nahe gelegene Biergarten half uns, diese Überlegungen zu verdrängen. Reisende soll man ja bekanntlich nicht aufhalten, es sei denn, man gibt ihnen Alkohol.

Krux mit der Bux

Das Meenzer Volk an Fassenacht –
ja, es singt und ja, es lacht.
Hoch im Kurs sind derbe Zoten,
denn Pipi-Kaka steigert Quoten.
Möpse-, Schniedel-, Popo-Kracher
bringen wohl die meisten Lacher.

Doch wirklich witzig und famos –
ich geb zu, ich find's grandios –
wird's doch erst, wenn einer spricht
und merkt den ganzen Schweinkram nicht.
Dieser Kram wird dann verwandelt
von einem Hirn, das böse handelt.

Und ich war böse, das räum' ich ein.
Doch ich schwöre Stein und Bein:
Spruch auf Spruch, ganz ungezügelt,
wurd' mir ins Gehirn geprügelt.
Und ganz ehrlich: Zwei von Dreien
waren kleine Sauereien.
Oder nicht? Man munkelt leise
Es läg' an mir, ich hätt' ne Meise.

Aber Halt. Ich erzähle mal,
durchaus sachlich und neutral,
vom Hotel, in dem's passierte
und der Frau, die nix kapierte.

Sie klopfte an und kam herein
und ging sogleich ins Bad hinein.
Die Box mit Tüchern, die war leer,
sie zu wechseln wohl sehr schwer.
Sie kniete nieder und verschwand,
den frischen Kasten in der Hand,
zur Hälfte in dem Unterschrank.
Und während ich mein Sektchen trank,
fing sie an auf allen Vieren,
jeden Schritt zu kommentieren.

Hätte sie doch nur geschwiegen!
»Es ist schwer, den reinzukriegen«,
warnte sie gleich zu Beginn.
»Es ist so eng!«. Das sei der Grund,
tat sie aus dem Schacht nun kund.
Sie japste schnell: »Gleich isser drin!«

Nun lauschte ich genauer hin.
Diese Meldung kam verfrüht,
denn sie stöhnte nun bemüht:
»Ich versuch's jetzt mal von hinten!«
Wie soll man DAS nicht komisch finden?!
Und es war noch lang nicht Schluss:
»Hm, jetzt klemmt es, und ich muss
es von unten mal versuchen«,
sagte sie, ganz ohne Fluchen.

Fasziniert stand ich bereit
für die nächste Schlüpfrigkeit.
Und die kam. Und zwar deftig.
Sie sagte, immer noch geschäftig:
»Ich geh jetzt rein und zwar tief!«
Da es scheinbar nicht so lief:
»Ich muss da unten noch mal ran«,
vernahmen meinen Ohren dann.

Doch plötzlich kam sie rausgerutscht
Und sagte: »Es ist reingeflutscht!«
Stolz das Haupt und hoch das Kinn
Rief sie aus: »Jetzt isser drin!«

»Jaaaaa«, schrie ich, so voller Spaß.
Sie sagte nur: »Ich glaub, das war's«,
schritt zur Türe, um zu gehen
und ließ mich einfach wuschig stehen –
freudig ob der Diagnose
bisschen kribblig in der Hose.
Schuld war nicht das Helferlein,
sondern ich, ich kleines Schwein.

Wie sprach dereinst schon Mr. Gump –
und der nicht war die hellste Lamp' –
auf seiner Bank, den Kopf gesenkt:
»Schlecht ist der, der Schlechtes denkt.«

Polnische Eichen-Wurst

Diese Erzählung kommt aus einem VIP-Zelt. Ja, aus einem VIP-Zelt!

Denn auch ich war mal für drei Stunden »very important«, sehr wichtig also. Und wer sehr wichtig ist, der schmeißt sich in Schale, bürstet seine Haare und entstaubt die guten Manieren. Das hatten dort auch so ziemlich alle beherzigt, bis auf einen der beiden Hauptdarsteller des Abends, der etwas aus dem Rahmen fiel – so wie eine Eiche im Fichtenwald oder ein Fahrrad auf dem Auto-Transporter, eben wie eine Fleischwurst in der Käsetheke.

Aber von vorn: Das ominöse VIP-Zelt stand in Tschechien am Rande des zweitgrößten Pferde-Hindernisrennens Europas. Dort reiten seit 1874 kleine Menschen auf großen Tieren auf einem nicht barrierefreien Rundkurs um die Wette. Während die einen übers Geläuf hoppeln, geben sich die anderen den Grundbedürfnissen hin: essen, trinken und zocken, was das Portemonnaie hergibt. An diesem Tag konnte man am meisten Geld verdienen mit »Orphee des Blins«, eine von einem Tschechen gerittene französische Stute mit einem polnischen Besitzer – er war die Eiche, das Fahrrad, die Fleischwurst. Und damit zurück ins VIP-Zelt.

Beanzugte* Männer und behutete* Frauen lieferten sich nach dem Rennen ihren ganz persönlichen Hindernislauf zum erlesenen Buffet. Kurz nach der Modenschau bahnte sich dann die Siegerehrung an, zu der sich, von sanfter Live-Musik begleitet, viele Champagner-Schlürfende vor der kleinen Bühne versammelten. Und dann stand er also da, diese polnische

Eichen-Wurst. Die langen ausgefransten Zottelhaare umspielten leicht seine schmalen Schultern, sein Second-Hand-Anzug harmonierte gut mit der getönten Riesen-Pornobrille und veredelte das Gesamtbild. Stolz nahm er das Mikrofon in die Hand und ließ die Menge über seinen Gemütszustand wissen: »Ich freue mich so wie ein Mädchen, das zum ersten Mal einen Kerl hat, der es zum Orgasmus bringt!«

Und der Champagner schwappte.

Sardische Glöckchen

Urlaub, Mittelmeer, große weite Welt – ein Traum in Sonne, Meer und Völlerei. Heute nicht. Heute glühen die Flip-Flops.

Mein Körper nörgelt bereits nach wenigen Metern, dass der Weg zu dem Kastell aus dem 12. Jahrhundert lang, steil und steinig sei. Als ich gerade die traumhaft schöne Umgebung als Motivationshilfe in die Runde werfe, fallen mir meine Füße in den Rücken – mit dem Verweis, dass geeignetes Schuhwerk für den Ausflug wohl angebracht gewesen wäre. Schuldbewusst fällt mein Blick auf ein Paar Trekking-Sandalen, in dem sich eine Frau in Urlaubsuniform – Dreiviertelhose, Ringel-T-Shirt, Sonnenschlapphut – sichtbar wohlzufuhlen scheint. Während dieses Gesamtkunstwerk nun also schwungvoll Richtung Kastell von dannen galoppiert, denke ich kurz darüber nach, meinen Füßen zu unterbreiten, dass sie ja wohl das weitaus kleinere Übel erwischt hätten. Ich verwerfe den Gedanken aber und konzentriere mich wieder auf den Aufstieg, der mich durch kleine Gässchen entlang, unter putzigen Torbögen hindurch und über steile Treppenaufgänge hinauf zum Gipfel führt. Dort angelangt, tauche ich in das atemberaubende Panaroma ein. In der Ferne das Mittelmeer, unter den Füßen die Geschichte und neben mir: die Ringel-Touristin – freudig, stolz und ungeschwitzt.

So stehen wir also beide beieinander, spüren den Zauber des Mediterranen und lauschen den Glöckchen der sardischen Schafe, deren Klang uns ein leichter Sommerwind um die Ohren säuselt. Dolce Vita – vollkommen, grandios, unzerstörbar. Von wegen. Sie holt tief Luft und blökt in tiefstem Kurpfälzisch: »Des Kuhgebimmel erinnat misch an die Alpe!«

Große weite Welt? Nein, die Welt ist ein Dorf!

Muh.

Sessellift-Getöse

An sich ist Skifahren ja etwas Schönes. Die Berge, die Sonne, der Schnee, die Gaudi – einfach herrlich. Nicht so, wenn man – notgedrungen – einen dieser seltsamen Eiskunstlauf-Papas als Skilehrer unter Vertrag hat. Da wird aus Spaß schnell blutiger Ernst.

Da sitzt man also mit seinen in die Jahre gekommenen Schulfreunden im Lift, Dauergrinsen im Gesicht, und traut seinen Ohren nicht.

»Stopp! Halt! Bleib' stehen!«, sind die gallig herausgepressten Kommandos, die einen aus luftiger Höhe zum Gaffer avancieren lassen. Im Blickfeld ein Mann, der einen Menschen anschreit, einen kleinen Menschen, seine Tochter. »Wenn ich sag', du machschd ne Kurve, dann machschd du au ne Kurve, du blöde Kuh!«, sind die auf Schwäbisch gebellten Worte, die bei der schmächtigen Person auf zwei Latten zunächst die zierlichen Öhrchen zum Glühen und dann die kleinen Äuglein zum Weinen bringen.

Wenn peinlich berührtes, ungläubiges Kopfschütteln Geräusche machen würde, man hätte sich in diesem Abschnitt des Vierer-Lifts die Ohren zuhalten müssen.

Dabei kann Skifahren doch so schön sein.

Simsalabim

Man glaubt es kaum, aber die Menschen in den neuen Bundesländern sind immer noch unheimlich kreativ, wenn es um die Wahl ihrer Vornamen geht. Wirklich unheimlich. Wer aber hätte gedacht, dass sie auch vor ihren Hunden nicht Halt machen.

Der Reihe nach: Da liegt man am See und lässt sich die Sonne auf den Pelz scheinen. Am Ufer tummeln sich spielende Kinder und deren naggische* Erzeuger. Beim allseits bekannten »Enriggö!« zuckt man nur kurz zusammen, das knuffige »Anton!« wirkt befremdlich, aber durchaus kinderfreundlich; ebenso das fröhliche »Joschi!«.

Ein wenig Erschütterung macht sich breit, als ein kleiner, blonder, beschnullter Junge auf ein hinausgebelltes »Alfred!« reagiert.

So richtig bemerkenswert ist dann aber, dass sich die Schrulligkeit der Namen vermeintlich proportional zu den vorhandenen Beinen verhält. So pfiff also ein stolzer Hundebesitzer seinen Vierbeiner mit den faszinierenden Worten zurück: »Simsalabim! Komm her!«

Einfach zauberhaft.

Verlockendes Angebot

Neulich in Tschechien: Dass die Tschechen gutes Bier herstellen, ist allgemein bekannt. Und dass sie ihr Erzeugnis in rauen Mengen auch gerne selbst vertilgen, ist ebenfalls kein Geheimnis. 143 Liter Bier pro Kopf im Jahre 2016 sprechen da eine mehr als deutliche Sprache. Das ist aber auch kein Wunder bei solch verlockenden Knaller-Angeboten, die einem in der tschechischen Prärie so unterkommen.

Da warb doch tatsächlich ein kleines, kuscheliges, einladendes Lokal – wir nennen es mal: Spelunke – mit einem Aufsteller, auf dem geschrieben stand: Nach Verzehr von fünf Bier – und in Tschechien ist ein Bier ein Bier und keine Dritteliter-Veranstaltung – gibt es eine Nullfünferdose kostenfrei oben drauf! Trink fünf, get one free! Wenn das mal kein Angebot ist.

Nur 143 Liter pro Kopf? Die Tschechen arbeiten dran.

Na zdraví. Prost.

Begegnungen

in der Vorweihnachtszeit

Akne-Duo

Um mich in der Adventszeit ein wenig auf das Fest der Liebe einzustimmen, suchte ich die Nähe zu meinen Mitmenschen. Also ging ich in den Elektrogroßmarkt und ließ mich von der Masse in die CD-Abteilung drücken. Um den Trip durch den Vorhof zur Hölle ein wenig zu verkürzen, beschloss ich, mich mit meinem etwas speziellen Wunsch vertrauensvoll an das Fachpersonal zu wenden.

Der Blick zum Info-Schalter allerdings ließ meinen ausgebufften Plan wie eine Seifenblase zerbersten. Hinter dem Tresen standen zwei Milchgesichter kurz nach der Metamorphose zum Teenager – Pickel im Gesicht, sexuelle Gesinnung noch nicht ausdefiniert, Musikrichtung zwischen Jay-Z und Papa Schlumpf. So hielt ich inne, drückte mich – immer in Richtung Akne-Duo schielend – ein wenig zwischen Country und Neuerscheinungen herum, um dann blitzartig zu reagieren, als ein vor Erfahrung strotzender Graukopf vom Typ Reinhard Mey den Schalter-Bereich enterte. Wie eine Schlange wand ich mich um die Kaufwütigen, erreichte unfallfrei die Theke und setzte zur Frage an. Doch Reinhard verwies mich zu meinem Entsetzen mit einer lapidaren Handbewegung direkt weiter zu den Kevin-Marvins. Dort entstand dann folgender Dialog: »Ich suche Musik aus den 20ern/30ern. Wo finde ich sowas denn hier?«, fragte ich.

»Oh, des ist schwierig, des weißisch ned genau«, sagte Pickeldie erwartungsgemäß.

Ich gab ihm aber noch eine Chance: »Bei welcher Stilrichtung könnte das denn in etwa stehen, nur ungefähr?«

Dann gab er mir tatsächlich den hilfreichen Hinweis: »Des steht so irgendwo unter den CDs hier!« Ich bedankte mich artig und holte mir später von Herrn Mey den entscheidenden Tipp.

Auf Sankt Pauli

Es ist kalt, so richtig kalt. Aber die Kälte hat sich dem Anlass angepasst: Es ist Weihnachtsmarkt. Nicht irgendein Markt, sondern der »Santa Pauli« auf dem Spielbudenplatz in Hamburg. Und wonach sucht man auf »Hamburgs geilstem Weihnachtsmarkt«? Richtig: Wärmflaschen.

So stehe ich also mit meiner Leidensabschnittsgefährtin vor einem Stand, der ortsspezifische Devotionalien im An-gebot hat. Wir durchforsten die Auslage, werden nicht fündig und rufen nach Hilfe. Der Verkäufer kommt und vernimmt aufmerksam ihre als Frage formulierte Bestellung: »Habt Ihr Wärmflaschen?« Ein in Anbetracht der eiskalten Hamburger Luft durchaus verständliches Anliegen. Ginge es jedoch nach seinem Blick, so hätten wir ihn gerade gefragt, ob er ein Fagott sei, gerne Raupen äße und kleinen Kindern die Kekse klaue. Kurzum: In seinem Gesicht regiert totales Unverständnis.

Um seine Verkäufer-Ehre zu retten, deutet er in seiner Not auf einen Bierflaschen-Schutz mit Totenkopf-Muster in Braun. Völlig zu recht weisen wir ihn darauf hin, dass das wohl eher eine Kalt- denn eine Wärmflasche sei.

Sein nächster Vorschlag ist eine Thermoskanne.

»Nicht schlecht«, loben wir ihn, »nicht schlecht, aber leider knapp daneben.«

Enttäuscht holt er sich kompetente Hilfe, die sogleich eine Wärmflasche nach unserem Gusto hervorzaubert. Der verhinderte Verkäufer blickt entrüstet auf den schwarzen Winter- und Bettchenfreund und sagt entschuldigend, für uns aber erstaunlich einleuchtend: »Ach so. So etwas. Aber ich habe keine Ahnung, wie das heißt. Ich komme aus Spanien, da brauch' man so was nicht!«

Wir kaufen das Ding, nippen am dampfenden Glühwein und stürzen uns grummelnd ins Getümmel. Olé.

Kann man ja mal fragen

Weihnachten ist ja bekanntlich das Fest der Liebe, des Besinnens und das der Kinder. Gerade deshalb möchte ich an dieser Stelle von einer Frage erzählen, die ein von mir geliebtes Kind besinnlich gen Himmel richtete. Eine Frage, die es sich tatsächlich mal zu stellen lohnt, auf die es wohl aber keine gesicherte Antwort gibt.

So stand also besagter 2,6 Jahre alter Dreikäsehoch tatendurstig im Garten, blickte – bereit für alle Schandtaten dieser Erde – mit großen Augen in die diesige Luft und sagte: »Hat der Regen eigentlich die Leute gefragt, ob er sie nass machen darf?!«

Hm, kann man ja mal fragen.

Kollektive Unintelligenz

Oh Lichtermeer, oh Wohligkeit, welch Harmonie und Krippenspiel – der Weihnachtsmarkt ist in der Stadt! Es duftet nach Plätzchen, die Maronen sind heiß, es brennen die Kerzen, es riecht nach Schweiß.

Denn es ist voll. Arschvoll. Eine in sich zirkulierende Menschenmasse schiebt sich durch Buden, die Hanfplätzchen, Webkunst und Holzschnitzarbeiten aus Thüringen feilbieten. Ein Menschenknäuel, der aus Weihnachtsengelsicht einem Ameisenhaufen nicht unähnlich sein dürfte. Allein die den Ameisen innewohnende, kollektive Intelligenz fehlt.

So betreiben die zumeist mit dünnwandigen Tassen Bewaffneten die berüchtigte Aneinander-vorbeigeh-Kommunikation, um nicht mit den Köpfen zusammenzustoßen. Klassiker wie »Achtung: heiß und fettig!« oder »Vorsicht: Mutter mit Kind!« kommen gerne aus der Sachbearbeiter-Fraktion. »Obacht: Kostbares Wertgut!« mutet da schon ein wenig kreativer an. »Aua, ist das heiß!« jammern die im Kollektiv völlig Unintelligenten.

Aber was sich eine mir nahestehende und auch nahe stehende Person anhören musste, sprengte doch den besinnlichen Rahmen und hinterließ tiefe Risse in der zarten Seele: »Junge Frau, Sie sind ein Hindernis!«, sprach der gesetzte Herr und zog von dannen.

Und er hatte noch nicht einmal einen Glühwein in der Hand.

Trost-Eis in der Einkaufspassage

Es war tragisch und saukomisch zugleich.

Das Leben ist manchmal ungerecht, es hat aber zuweilen ein ziemlich gutes Gespür für Ironie. Auch in der alljährlichen Vorweihnachtshektik nimmt es sich dafür Zeit.

Ein Mann schleicht mit hängenden Schultern durch die Einkaufspassage. Mit seiner Rechten am Lenker führt er sein Fahrrad Gassi – auf dem Hinterrad. Schnell wird klar: Das Vorderrad hat eine neue Heimat gefunden, es ist unbekannt verzogen, es lebt jetzt woanders. Kurz hinter der Eisdiele stoppt er seinen ohnehin schon trägen Gang, parkt sein verletztes Vehikel und hängt eine blütenweiße Mütze über den Sattel.

Ein erster Verdacht keimt auf. Er schlurft mit seinem Eisbecher und seinem hinkenden Drahtesel zu der Passagen-Treppe und lässt sich nieder.

Da fällt mein Blick auf seinen Anorak und aus der Ahnung wird Gewissheit. Es ist: ein Polizist! Die etwas nassforsche Frage nach dem Eigentümer des Einrades beantwortet er mit einem griesgrämigen und mürrisch herausgepressten: »Ja, das ist meins.«

Es ist Zeit für mich zu gehen.

Zurück bleibt ein beklauter, Trost-Eis essender Gesetzeshüter mit drei Bällchen, zwei Waffeln, einem Reifen und null Bock mehr auf Ironie im Leben.

Begegnung
mit dem Anhang

20 skurrile Minuten

Haben, laufen, befinden, vernehmen, erblicken, rufen, hören, versäumen, fragen, sehen, besprechen, spüren, legen, überlegen, erheischen, vermeiden, realisieren, ziehen, erkennen, bekommen, sein, hinweisen, wundern, öffnen, nehmen, steigen, fahnden, sitzen, lassen.

Minute -1 – Ich habe keine Ahnung, dass mir 20 skurrile Minuten bevorstehen.

Minute 0 – Ich laufe an einem lauen Sommerabend zum Bahnhof meines Heimatortes.

Minute 1 – Ich befinde mich kurz vor dem Bahnhof meines Heimatortes.

Minute 2 – Ich vernehme eine für mich unverständliche Durchsage.

Minute 3 – Ich erblicke eine junge Frau am Bahnsteig und ergreife meine Chance.

Minute 4 – Ich rufe: »Entschuldigung. Was haben die eben gesagt?«

Minute 4 – Ich höre: »Sorry, I don't understand. Please speak English.«

Minute 4 – Ich versäume eine Pause meines Hirns.

Minute 4 – Ich frage: »What did they say?«

Minute 4 – Ich sehe Ratlosigkeit und höre: »Ähmmm, I don't know?!«

Minute 5 – Ich bespreche Geschehenes mit meinem Hirn.

Minute 6 – Ich spüre Rechtfertigungsdrang.

Minute 7 – Ich lege mir einen lustigen Spruch zurecht.

Minute 8 – Ich überlege noch, komme aber bereits am Bahnsteig an.

Minute 9 – Ich erheische Blickkontakt, lächle kurz und verwerfe die Erklärung.

Minute 10 – Ich vermeide weiteren Blickkontakt.

Minute 11 – Ich realisiere die Notwendigkeit eines Fahrkartenkaufs.

Minute 12 – Ich ziehe 20 Euro aus der Tasche.

Minute 13 – Ich erkenne die Ausweglosigkeit einer Automatentransaktion.

Minute 14 – Ich bekomme auf Englisch fünf Euro in die Hand gedrückt.

Minute 14 – Ich bin bass erstaunt ob der spontanen Hilfsbereitschaft.

Minute 14 – Ich weise vehement auf den wahrscheinlichen Verlust des Geldes hin.

Minute 14 – Ich wundere mich über: »Hey, no problem, just five Euro!«

Minute 15 – Ich öffne meinen Mund und zelebriere ausschweifend Sprachlosigkeit.

Minute 16 – Ich nehme den Schein und verspreche Rückzahlung.

Minute 17 – Ich steige in den Zug und akquiriere eine menschliche Wechselstube.

Minute 18 – Ich fahnde nach der uninteressierten Gläubigerin und begleiche meine Schulden.

Minute 19 – Ich sitze kopfschüttelnd, aber zufrieden im Zug.

Minute 20+ – Ich lasse 20 skurrile Minuten Revue passieren.

Klaus – das Abhörprotokoll

Wdg. a. d. Gedächtnis

Mutmaßlich konspiratives Treffen zwischen X und Y zur Planung einer Revolte.

Von: LF, MfBmdLdA, Abt. 1
An: den Leser
Quelle: eigene Ohren/hpts. re., Wz. v. Dr. R./Abt. OSUC
Anmerkung: Das Treffen fand an einem Donnerstag im Dezember statt.
Was wir bisher dato wissen: nichts

X (ca. 48-jähriger Mann, leger, in schmissigem Lederblouson) trifft Y (ca. 46 Jahre alte Frau, anscheinend gute Freundin) in einem Wartezimmer. Dort entsteht folgender Dialog:

Blouson-Träger (BT)[1] : Also, dieser Klaus!
Gesprächspartnerin (Gp): Ach, der Klaus.
BT: Unfassbar, dieser Klaus!
Gp: Tja, der Klaus halt.
Notiz LF: Es scheint um Klaus[2] zu gehen.
BT: Der kümmert sich um nichts mehr! Das ganze Ding ist am verrotten!
Gp: Wirklich so schlimm?

---

[1]BT lässt beim ‚r' die Zunge am Gaumen flattern, auch rollendes ‚r' genannt.
[2]Über Klaus liegen bisher keine weiteren Informationen vor.

BT: Schlimmer, das kann ich dir sagen. Das Ding ist wohl nicht mehr zu retten. Ich habe auch bald keine Lust mehr. Es reicht.

Notiz LF: Noch ist nicht ganz klar, was mit Ding gemeint ist.

BT: Da schimmelt's doch tatsächlich in der Umkleidekabine.

Gp: Echt?

BT: Ja! Und auf den Parkplätzen wuchert das Unkraut. Zudem sind Löcher im Asphalt und es kam zu Unfällen.

Gp: Puh.

BT: Ja! Ich bin ein treuer und loyaler Mensch.[3]

Gp: Das bist du.[4]

BT: Das war ich auch zu Klaus. Aber die Grenze ist nun erreicht.

Gpsp[5]: Wieso? Was ist denn passiert?

BT: Es kam jetzt zu einem Unfall im Studio. Der Klaus hat die Geräte so marode werden lassen, dass Gewichte runtergefallen sind und einen Gast verletzt haben.

Notiz LF: Ding = Fitness-Studio

Gpsp: Heftig!

BT: Ja, sag ich doch. Ich musste bisher für alles meinen Kopf hinhalten. Aber so kann ich mit Klaus nicht mehr zusammenarbeiten. Irgendwann reicht's[6]. Ich habe auch schon einen Plan.

---

[3]Diese Aussage ist stark anzuzweifeln, da sich inhaltlicher Kern der Aussage und schmieriges Äußeres von BT kaum vereinen lassen.
[4]Scheint eine wirklich gute Freundin zu sein.
[5]Gesprächsanteile von Gp werden immer geringer: Gp fortan Gpsp. Gpsp = Gesprächspartnerin, sehr passiv.
[6]Die penetrante Redundanz dieser negativen Einschätzung über Klaus verstärkt zum einen den Eindruck, dass BT besagten Klaus nicht mehr leiden kann und zum anderen, dass ich es nicht mehr hören kann.

Gpsp: Welchen denn?

BT: Ich werde bald ein eigenes Projekt starten. Ohne Klaus. Es reicht halt irgendwann.[7] Ich plane, ein eigenes Fitness-Studio aufzumachen.

Gpsp: Waaaas?!

BT: Ja. Mitten in W., mitten in der Stadt. Ohne Klaus.

Gpsp: Krass.

BT: Ja. Aber pssst, das darf noch keiner wissen.

Notiz LF: Aktion ein voller Erfolg. Revolte geplant.

Auftrag: Patienten im Wartezimmer überprüfen. Sie wissen nun auch alles.

Was wir über Klaus noch nicht wissen: nichts.

Ende

---

[7]Grrrrrrrrrr.

Notizen zu »Das philosophische Duett« (S. 94)

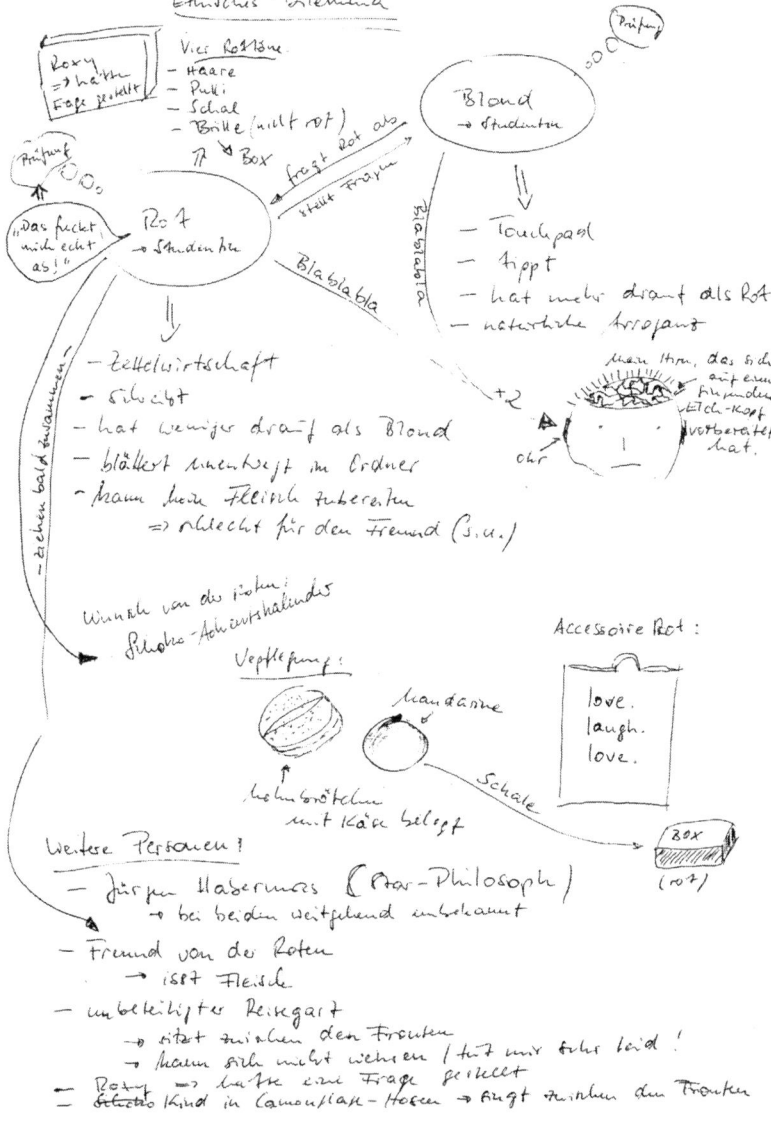

Sternchenwortverzeichnis

Im Folgenden werden die Bedeutungen der in diesem Buch mit einem * gekennzeichneten Wörter erläutert.

Anhängslerinnen, die (Plur.)

weibl. Personen, die als lästige Begleiterscheinungen einer im Mittelpunkt befindlichen Hauptperson wahrgenommen werden (s.a. monafiziert); auch Appendixe (die) oder Wurmfortsätzinnen (die)

Beanzugt

einen Anzug tragend, in einem Anzug steckend; vgl. bekleidet, bejogginghost, beregenmantelt, behighheelt

Bedienstinnen, die (Plur.)

i.d.Zshg.: weibl. Angestellte eines Lebensmittelmarktes

Behutet

mit dem Kopf in einem Hut befindlich; vgl. behütet: mit dem Kopf in mehreren Hüten befindlich

Bekrückstockt

eine mit einer Gehhilfe ausgestatte weibl./männl. Person; ältere und zumeist männl. Versionen dieser Spezies neigen auch zum bedrohlichen Schwingen des eigentlich zum Stützen gedachten Stockes

Berucksackt

einen Rucksack tragend, ähnl. bekoffert oder behandtascht

Beschlapphutet

mit einer zeitlos modischen Kopfbedeckung ausgestattet, einen Hut mit großer Krempe tragend; Touristen in aller Welt sind gerne mal beschlapphutet, auch best. Väter an best. Tagen in Mainz (am Ende dieses Tages sind sie schlapp und haben »de Hut uff« => beschlapphutet)

Betütet

eine, zumeist mehrere Tragetasche/n aus Plastik mit sich herumführend; nicht zu verwenden mit kiffend, eine Tüte rauchend/haltend; fränkisch: bedüded

Blousonist, der

männl. Person, die einen ledernen Blouson trägt; nicht verwandt mit Blusonist (eine Bluse tragende männl. Person) oder Bluesonist (eine best. Musikform bevorzugende männl. Person), obwohl ein Blusonist und ein Bluesonist auch ein Blousonist sein können; auch kann ein Blousonist gleichzeitig ein Blusonist und ein Bluesonist sein und umgekehrt, ebenso umgekehrt

Cellieren

sprich tschellieren, nicht zu verwechseln mit sellieren (mit einem spez. Gemüse hantieren) oder gar zellieren (im Gefängnis sitzen; aber auch: forschen (selt.) / einer großen Violine (Cello – sprich Tschello, nicht Sello oder gar Zello) Töne entlocken

Daherredner, der

despektierlich für Dampfplauderer (der), Dummbabbler (der;

landsch.) oder -schwätzer (der); ein Daherredner redet viel
daher, kann aber auch einiges dahinreden, ergo Dahinredner
(der)

Eiswassergedöns, das

Eiskübelherausforderung (die, ugs.) => dt. für icebucketchal-
lenge; virale Spendenkampagne im Sommer 2014 zu Gunsten
der ALS-Stiftung (ALS = Amyotrophe Lateralsklerose)

Erleber, der

jmd., der etwas erlebt, dem etwas widerfährt, der an etwas teil-
nimmt, dem etwas zustößt, der bei etwas dabei ist; auch: unbek.
Ballade von Johann Wolfgang von Goethe (Ableger (Spin-off)
von Der Erlkönig); auch Erl-Eber (der): männl. Schwein mit
Nasenrücken-Piercing (Bridge-Piercing)

Gegenüberin, die

weibl. Form von Gegenüber (das); männl. Form: Gegenüberich
(der)

Geräuschisieren

mit der Stimme ein bestimmtes Geräusch nachahmen; z.B.:
Ding-Dong, Tschu-Tschu, Tüt-Tüt oder Möp-Möp

Geschöpfin, die

weibl. Form von Geschöpf (das) und Geschöpferich (der) =>
Verwendung i.Zshg. mit der bes. Hervorhebung einer mit Stolz
zur Schau getragenen Weiblichkeit und deren bes. Anerken-
nung

Hannebambl/Hannebambel, der (Sing.; Plur.)
ugs./mdal. für nicht ernstzunehmender Mensch, auch Deppsche oder Luzius Flunk

Hornieren
in ein Horn blasen und Töne erzeugen / nicht zu verwenden mit ins Bockshorn jagen, auf keinen Fall also ins Bocks hornieren / ähnl. Wörter: hornanieren - eine Horna betätigen

Kämmie, die
die Lehre des Kämmens, Wissenschaft zur Erforschung des Kämm-Vorgangs; Chemie (südd.)

Kaugummifred, der
Eigenname für einen auffällig auffallend unappetitlich Kaugummi kauenden männl. Businsassen; vgl. schmatzen, knatschen (landsch.), manschen, daher auch Schmatzfred (der), Knatschfred (der) und Manschfred (der)

Kidster, die (Plur.)
Begrifflichkeit ungekl.; etym. am ehesten: Kinder von Hipstern

Krauslige, die
Frau mit kleingelocktem Haar, Schamhaarfrisur (mdal., ugs.) / nicht zu verwechseln mit Grauselige (die); im Zshg. jedoch mögl.: eine Grauselige kann krauslig sein und eine Krauslige grauselig: die grauselige Krauslige od. die krauslige Grauselige. (Anm.: in diesem Fall war die Krauslige zwar krauslig, aber keinesfalls grauselig)

Menopäuslerin, die
weibl. Person im Alter von 45 bis 55 Jahren (wiss.), zumeist 50
– 51 Jahre alt; Menopäusler, der (myth.; Fabelwesen)

Monafiziert
infiziert von der dominanten Art einer Mona sein, Mona-hö-
rig, Mona-abhängig; resp. auch petrafiziert oder etwa berndi-
fiziert / vgl. => Anhängslerinnen

Naggisch
nackt, unbekleidet (mdal.), steckt nicht zufällig auch in knag-
gisch (mdal. für knackig), rein zufällig aber in stiernaggisch
(mdal. für stiernackig)

Neon-Prince, der
ein in leuchtende Kleidungsstücke gehüllter, vertikal benach-
teiligter Mensch; in Anlehn. an den verstorbenen einmeter-
achtundfünfzig langen Popstar Prince, formerly known as
Symbol, formerly known as formerly known as Prince, formerly known as Prince, formerly known as Prince Rogers Nelson

Nicht-Deutschin, die
eine weibl. Person ohne deutsche Staatsbürgerschaft, auch:
Ausländerin; ähnl. Wörter: Französin, Finnin, Griechin,
Tschechin, Polin, Australierin, Dänin, Tunesierin, Äquato-
rialguineerin, Irin

Pimo, der
Synonym für das männl. Geschlechtsteil (niedl.; ugs.; landsch.),

ähnl. Wörter: Zipfel (der), Schniepi (der), Piephahn (der), Pillermann (der)

Piz-Buin-Stellung, die
Synonym für rasten, verweilen, dem Müßiggang frönen, chillen (neudt.); auch rätoromanisch für »Ochsenspitze« und der Position derselbigen

Rappelbox, die
ugs. für Toilette (die); aufgrund der formschönen Alternativen, soll an dieser Stelle der Duden mit seinen Synonymen zitiert werden: »Latrine, Pissoir, sanitäre Anlagen, WC; (ugs.) 00, Klo, Lokus, Null-Null, Orkus; (salopp) Pinkelbude; (familiär) Häuschen, Klöchen; (derb) Pissbude, Scheißhaus; (verhüllend) Gelegenheit, Lokalität; (umgangssprachlich verhüllend) To, Tö; (familiär verhüllend) [gewisses/stilles] Örtchen, Örtlichkeit; (umgangssprachlich scherzhaft) Topf; (familiär scherzhaft) Thron; (landschaftlich, sonst veraltend) Abtritt; (veraltend) Klosett; (Amtssprache, Fachsprache) Abort; (Soldatensprache) Donnerbalken«

Rischdisch
Die korrekte Aussprache von richtig. Zudem: Beliebter Kapuzenpullover-Aufdruck im Rhein-Main-Gebiet und in den USA

Rosinig, auch zibebig
lautmalerisch für braungebrannte, ledrig aussehende Haut / einer Rosine/Zibebe ähnelnd

Sudokuend

sich auf eine bestimmte Art und Weise mit Zahlen beschäftigen; auch: sich einem Logikrätsel hingeben, ein Sudoku-Rätsel lösen, sich im Bus ablenken

Übernachter, die (Plur.)

Nächtigende, Kampierende, Pennende (ugs); i.d.Zshg.: in Deutschl. nächtigende, kampierende und pennende Touristinnen und Touristen, die teilw. nicht wissen, wo sie übernachten, resp. nächtigen, kampieren oder pennen

Umsockten

ein von einem spez. Kleidungsstück (Socke) ummantelter Fuß; geringelt ~, knöchelfrei ~, weiß ~, gar nicht ~; ähnl.: umstrumpft, umfüßlingt; auch umstrumpfhost

Zalandeuse, die

von einem ganz best. Online-Versand abh. weibl. Person; in ganz seltenen Fällen in der männl. Form zu finden: Zalanderich

Rechtlicher Hinweis:
Die Verbreitung der Wortschöpfungen ist unter Aufhebung aller Urheberrechte erlaubt und dringend erwünscht. Sollte eine Wortschöpfung benutzt werden, sollte höchstrichterlich an Luzius Flunk und seine Geschichten gedacht und/oder darauf hingewiesen und ein Knittelwirsch zu sich genommen werden. Bei Zuwiderhandlung passiert: Nix.

Über den Autor

Der Luzius Flunk heißt eigentlich anders, sein richtiger Name bewegt sich zwischen Michael Müller, Stefan Schmidt und Peter Mayer – einer unter Vielen also. Daher wollte er namenstechnisch einfach mal einzigartig sein. Und das ist die Wahrheit, die reine Wahrheit, zu der er ein ziemlich enges Verhältnis pflegt. Seine Erzählungen sind daher extrem echt, seine Performance beim Mäxchen dagegen extrem schlecht. Da muss er sich auf Glück und Zufall verlassen.

So wie er das auch in seinem immerhin schon seit 1971 währenden Leben macht. Ein Jahr, in dem nicht nur er, sondern auch die E-Mail, die Sendung mit der Maus und das Wahlrecht für Frauen in der Schweiz geboren wurden. Wie und ob diese Ereignisse zusammenhängen oder nur zufällig im selben Jahr das Licht der Welt erblickten, hat er noch nicht herausgefunden, es aber auf seinen alltäglichen Forschungsreisen stets versucht. Dort traf er all die Menschen, die ihn in der Sache zwar keinen Deut weitergebracht, ihm aber all die erzählungswürdigen Momente beschert haben.

Wer die kurzen Erzählungen liest, der erfährt auch so einiges über den Autor, der bis auf wenige Ausnahmen Bestandteil dieser Erzählungen ist, was insofern wichtig ist, da er sie ja sonst gar nicht erzählen könnte. Wem das nicht ausreicht, dem sei gesagt, dass er Milchkaffee, Sprühregen und Fischotter mag, Marzipan und desolaten Reißverschlussverkehr dagegen nicht so toll findet. Aber was er ganz besonders mag: dem einen oder anderen mit seinen Berichten vom alltäglichen Wahnsinn ein Lächeln zu entlocken.